SEGUNDAS OPORTUNIDADES

MÁS

HISTORIAS DE GRACIA

MAX LUCADO

GRUPO NELSON
Una división de Thomas Nelson Publishers
Desde 1798

NASHVILLE   DALLAS   MÉXICO DF.   RÍO DE JANEIRO

Editora en Jefe: *Graciela Lelli*
Adaptación del diseño al español: *Grupo Nivel Uno, Inc.*

ISBN: 978-1-60255-669-0

Impreso en Estados Unidos de América

14 15 16 17 18 RRD 9 8 7 6 5 4 3 2 1

DEDICO ESTE VOLUMEN A LOS
MINISTROS DE LA IGLESIA DE OAK HILLS,
QUE TRABAJAN EN EL CAMPUS, Y A SU
LÍDER, GREG OEFINGER. MIGUEL FERIA,
DAVIDA LAMBERT, GREG LIGON,
MICHAEL MEEKS Y RICH RONALD,
GRACIAS AMIGOS MÍOS. ¡GRACIAS A SU
ARDUO TRABAJO MUCHAS SEGUNDAS
OPORTUNIDADES SUCEDEN POR
DOQUIER!

CONTENIDO

CONTENIDO

INTRODUCCIÓN

Los humanos somos propensos a fallar, ¿no es así? Somos expertos en enturbiar, enredar y echar a perder nuestra vida. Hemos mirado hacia arriba desde el fondo de un foso y nos hemos dado cuenta de que lo hemos cavado nosotros mismos. Hemos caído tan hondo que nos hemos preguntado dónde encontrar esperanza.

Tal vez tú seas como Moisés, lleno de remordimientos por un pasado que no puedes cambiar. La sombra del pecado nubla el futuro y te preguntas «¿podrá Dios hacer algo con alguien que ha cometido errores tan espantosos?».

O como Pedro. Tú lo tenías todo. Amabas a Dios y estabas dispuesto a pelear por tu Salvador, pero antes de que cantara el gallo y cayera la mañana, tu fe flaqueó y ahora estás sumergido en un lodazal que tú mismo creaste. O tal vez es a ti a quien han traicionado. Al que han engañado, pisoteado o ignorado y, ¿adónde puedes huir de la prisión de la amargura? Si estás ahogándote en remordimientos, avergonzado por tus errores o incapaz de extender gracia al que te ha ofendido, espero que pases la página. Y oro para que veas reflejada tu vida en estas historias. Ellas nos recuerdan que hay perdón para los errores pasados y esperanza para el futuro.

Son testimonios de un Dios que se especializa en segundas oportunidades.

... PARA EL
REBELDE

*Por tanto, así dijo Jehová: Si te convirtieres, yo
te restauraré, y delante de mí estarás; y si
entresacares lo precioso de lo vil, serás como mi
boca. Conviértanse ellos a ti, y tú no te
conviertas a ellos.*

—Jeremías 15.19

· I ·

BRAZOS ABIERTOS

También dijo: Un hombre tenía dos hijos; y el menor de ellos dijo a su padre: Padre, dame la parte de los bienes que me corresponde; y les repartió los bienes. No muchos días después, juntándolo todo el hijo menor, se fue lejos a una provincia apartada; y allí desperdició sus bienes viviendo perdidamente. Y cuando todo lo hubo malgastado, vino una gran hambre en aquella provincia, y comenzó a faltarle. Y fue y se arrimó a uno de los ciudadanos de aquella tierra, el cual le envió a su hacienda para que apacentase cerdos. Y deseaba llenar su vientre de las algarrobas que comían los cerdos, pero nadie le daba. Y volviendo en sí, dijo: ¡Cuántos jornaleros en casa de mi padre tienen abundancia de pan, y yo aquí perezco de hambre! Me levantaré e iré a mi padre, y le diré: Padre, he pecado contra el cielo y contra ti. Ya no soy digno de ser llamado tu hijo; hazme

como a uno de tus jornaleros. Y levantándose, vino a su
padre. Y cuando aún estaba lejos, lo vio su padre, y fue
movido a misericordia, y corrió, y se echó sobre su cuello,
y le besó. Y el hijo le dijo: Padre, he pecado contra el
cielo y contra ti, y ya no soy digno de ser llamado tu hijo.
Pero el padre dijo a sus siervos: Sacad el mejor vestido, y
vestidle; y poned un anillo en su mano, y calzado en sus
pies. Y traed el becerro gordo y matadlo, y comamos y
hagamos fiesta; porque este mi hijo muerto era, y ha
revivido; se había perdido, y es hallado. Y comenzaron a
regocijarse.

—LUCAS 15.11-24

El chico se quedó mirando su reflejo en el charco de barro. Se preguntaba si en realidad era su rostro. No se parecía a él.

La chispa de sus ojos se había apagado. La sonrisa presumida se había borrado. En lugar de una actitud temeraria había sobriedad.

Tropezó precipitadamente y cayó de cara.

No fue suficiente quedarse sin amigos. No fue suficiente perder todo su dinero. No fue suficiente empeñar su anillo, su capa, aun sus zapatos. Las largas horas caminando por las calles no lo quebrantaron. Podrías pensar que las noches en barracas o los días arrastrando un cubo de desperdicios para cerdos lo obligarían a cambiar su corazón.

Pero no. El orgullo está hecho de piedra. Los golpes fuertes pueden desportillarlo, pero se necesita el mazo de la realidad para romperlo.

El suyo empezaba a resquebrajarse.

Tal vez sus primeros días de destitución estuvieron llenos de resentimiento. Estaba furioso con todos. Todos tenían la culpa. Sus amigos no debían haberlo dejado tirado. Y su hermano debía venir y sacarlo de apuros. Su jefe debía alimentarlo mejor y, para empezar, su papá nunca debió dejarlo ir.

A cada cerdo le puso el nombre de cada uno de ellos...

Pudo haber hecho lo que hacen millones. Pudo haber desperdiciado su vida en la pocilga, fingiendo que era un palacio. Pero no lo hizo.

Algo le dijo que había llegado el momento de la verdad y para la verdad.

Se miró en el agua. El rostro que vio no era hermoso, estaba hinchado y lleno de lodo. Apartó su vista. «No lo pienses. No eres peor que cualquier otro. Las cosas podrán mejorar mañana».

Las mentiras esperaban un oído receptivo. Siempre lo habían encontrado. «No esta vez», musitó. Y se quedó mirando su reflejo.

«Cuán bajo he caído». Sus primeras palabras de verdad.

Miró sus ojos. Pensó en su padre. «Siempre dijeron que yo tenía tus ojos». Pudo notar el dolor en el rostro de su padre cuando le dijo que se iba.

«Cuánto te hice sufrir».

Una grieta atravesó en zigzag el corazón del muchacho.

Una lágrima cayó en la alberca. Otra le siguió. Y otra. Luego se rompió la represa. Sepultó la cara en sus manos sucias mientras las lágrimas hacían lo que hacen tan bien, lavaron su alma.

Su cara aún estaba mojada cuando se sentó junto a la alberca. Por primera vez en mucho tiempo pensó en su casa. Los recuerdos lo consolaron. Recuerdos de risas en la mesa durante la cena. Recuerdos de una cama tibia. Recuerdos de noches en la terraza con su padre mientras oían el canto hipnótico de los grillos.

«Padre». Pronunció la palabra en voz alta al tiempo que se miraba. «Solían decir que me parezco a ti. Ahora ni siquiera me reconocerías. Vaya, en verdad que la hice, ¿no es así?».

Se puso de pie y empezó a caminar.

El camino a casa fue más largo de lo que recordaba. La última vez que lo recorrió atrajo miradas por su estilo. Si llegó a atraer la atención ahora, fue porque apestaba. Sus ropas estaban raídas, su cabello enmarañado y sus pies negros. Pero eso no le molestaba porque por primera vez en una agenda de pesares tenía una conciencia limpia.

Iba a casa. Iba a casa como un hombre cambiado. No para exigir que le dieran lo que merecía, sino dispuesto a recibir cualquier cosa que le ofrecieran. El «dame» había cambiado por «ayúdame», y su actitud desafiante había cambiado por arrepentimiento.

Vino a pedir todo sin nada que dar a cambio. No tenía dinero. No tenía excusas.

Y no tenía idea de lo mucho que su padre lo había extrañado.

No tenía idea de la cantidad de veces que su padre detuvo sus labores para echar un vistazo al portal, esperando a su hijo. El chico no tenía idea de la cantidad de veces que su padre se despertaba de un agitado sueño para ir a la habitación del hijo y quedarse sentado en su cama. Y el hijo nunca hubiera creído la cantidad de horas que pasó el padre sentado en la terraza junto a la mecedora vacía, mirando, anhelando ver esa silueta conocida, esa forma de caminar, ese rostro.

A medida que el joven se acercaba a la curva que conducía a su casa, ensayó su discurso una vez más.

«Padre, he pecado contra el cielo y contra ti».

Se acercó a la puerta y puso su mano en el cerrojo. Empezó a levantarlo, pero se detuvo. De repente, su plan de volver a casa le pareció una tontería. «¿De qué sirve?», se oyó decir. «¿Qué posibilidades tengo?». Se agachó, se dio vuelta y comenzó a alejarse.

Entonces oyó los pasos. Oyó el golpeteo de las sandalias. Alguien corría. No se dio vuelta para mirar. *Tal vez sea un sirviente que viene a ahuyentarme, o mi hermano mayor deseoso de saber qué hago de vuelta en casa.* Empezó a irse.

Pero la voz que oyó no era la de un sirviente ni la voz de su hermano. Era la voz de su padre.

«¡Hijo!».

«¿Padre?».

Se volvió para abrir el portón, pero el padre ya lo había hecho. El hijo miró a su padre de pie en la entrada. Lágrimas corrieron por sus mejillas al tiempo que sacudía sus brazos para invitar a su hijo a venir a casa.

"Padre, he pecado». Las palabras quedaron sofocadas cuando el joven clavó su rostro en el hombro de su padre.

Los dos lloraron. Durante un momento eterno permanecieron en la puerta entrelazados como uno solo. Sobraban las palabras. Se había producido arrepentimiento, se había concedido el perdón.

El chico estaba en casa.

Si en esta historia hay una escena digna de enmarcarse, es la del padre con las manos extendidas. Sus lágrimas son conmovedoras. Su sonrisa emotiva. Pero sus manos son un llamado a casa. Imagina esas manos. Dedos fuertes. Palmas arrugadas con las líneas de la vida. Estiradas como un ancho portal, dejando la entrada como la única opción.

Me pregunto si Jesús usó sus manos cuando contó esta parábola del padre amoroso. Cuando llegó a esta parte de la historia, ¿abriría sus manos para ilustrar el punto?

¿Acaso percibió lo que pensaban algunos de sus oyentes: *yo nunca podría volver a casa, no después de todo lo que he hecho*? ¿Vio al ama de casa que miraba al piso, y al hombre de negocios que sacude su cabeza como si dijera «no puedo empezar de nuevo. Mis errores son demasiado grandes»? ¿Extendió él sus brazos aun más como si dijera: «sí, sí puedes. Puedes volver a casa»?

Si lo hizo o no, no lo sé. Pero sé que lo hizo más adelante. Más adelante estiró sus manos tanto como pudo. Forzó sus brazos al extremo, hasta que dolió. Y para demostrar que esos brazos nunca se doblarían y que esas manos nunca se cerrarían, dejó que las clavaran abiertas.

Todavía lo están.

· 2 ·

VUELVE A CASA

Entonces él les refirió esta parábola, diciendo: ¿Qué hombre de vosotros, teniendo cien ovejas, si pierde una de ellas, no deja las noventa y nueve en el desierto, y va tras la que se perdió, hasta encontrarla? Y cuando la encuentra, la pone sobre sus hombros gozoso; y al llegar a casa, reúne a sus amigos y vecinos, diciéndoles: Gozaos conmigo, porque he encontrado mi oveja que se había perdido. Os digo que así habrá más gozo en el cielo por un pecador que se arrepiente, que por noventa y nueve justos que no necesitan de arrepentimiento.

—LUCAS 15.3–7

La práctica de emplear sucesos terrenales para aclarar verdades celestiales no es tarea fácil. No obstante, de vez en cuando uno se encuentra con una historia, una leyenda o una fábula que transmite un mensaje con la precisión de cien sermones y una creatividad multiplicada por diez. Tal es el caso de la lectura que sigue. La escuché por primera vez de labios de un predicador brasileño en São Paulo. Y aunque la he contado un sinnúmero de veces, cada vez que lo hago me conmueve y me conforta su mensaje.

La pequeña casa era simple, pero suficiente. Constaba de una habitación grande en una calle polvorienta. Su techo de tejas rojas era uno más entre muchos otros en este barrio pobre de las afueras del pueblo brasileño. Era una casa cómoda. María y su hija, Cristina, habían hecho todo lo posible por dar color a los muros grises y calidez al duro suelo de barro: un viejo calendario, una fotografía desteñida de un familiar, un crucifijo de madera. Los muebles eran humildes: un camastro a cada lado de la habitación, una palangana y una estufa de leña.

El esposo de María murió cuando Cristina era una bebé. La joven madre, rehusando con firmeza oportunidades para volver a casarse, consiguió un empleo y se dispuso a criar a su pequeña hija. Y ahora, quince años después, ya los peores años habían pasado. Aunque el salario de María como criada permitía pocos lujos, era fiable y suplía ropa y comida. Pero ya Cristina tenía edad suficiente para conseguir un empleo y ayudar.

Algunos decían que Cristina heredó la independencia de su madre.

Rehuía la idea tradicional de casarse joven y formar una familia. No era que le faltara de dónde escoger un esposo. Su piel dorada y sus ojos cafés mantenían un constante desfile de candidatos en su puerta. Tenía una manera contagiosa de echar la cabeza para atrás y llenar de risas la habitación. También tenía la escasa magia que tienen algunas mujeres de hacer sentir a cualquier hombre como un rey solo por estar junto a ellas. Pero era su animada curiosidad lo que le hizo mantener alejados a todos los hombres.

Con frecuencia hablaba de ir a la ciudad. Soñaba con cambiar su polvoriento barrio por las fascinantes calles y la vida urbana. Solo pensar en esto horrorizaba a su madre. María no perdía la oportunidad de recordarle a Cristina la hostilidad de las calles. «La gente de allá no te conoce. Los trabajos escasean y la vida es cruel. Y además, si estuvieras allí, ¿qué harías para ganarte la vida?».

María sabía exactamente lo que Cristina haría, o lo que *tendría* que hacer para ganarse la vida. Por eso su corazón quedó hecho trizas cuando se despertó una mañana y encontró vacía la cama de su hija. María supo de inmediato lo que tenía que hacer para encontrarla. Rápidamente echó ropa en una bolsa, reunió todo su dinero y salió de la casa corriendo.

De camino a la parada del autobús entró en una farmacia para un último detalle. Fotos. Se sentó en la cabina de fotografías, cerró la cortina y gastó todo lo que pudo en fotos suyas. Con su bolso lleno de pequeñas fotos en blanco y negro, se dirigió al siguiente ómnibus hacia Río de Janeiro.

María sabía que Cristina no tenía forma de ganar dinero. También sabía que su hija era demasiado obstinada para darse por vencida. Cuando el orgullo se encuentra con el hambre, la voluntad humana hace lo que antes le parecía impensable. Consciente de esto, María empezó su búsqueda. Bares, hoteles, clubes nocturnos, cualquier lugar con la reputación de caminantes nocturnos o prostitutas. Fue a todos. Y en cada lugar dejó su foto, pegada en el espejo de un baño, clavada a una pizarra de anuncios de un hotel, amarrada a la esquina de una cabina telefónica. Y en el reverso de cada foto escribió una nota.

No pasó mucho tiempo para que el dinero y las fotos se agotaran, y María tuvo que regresar a casa. La agotada madre lloraba mientras tomaba el bus para el largo viaje de regreso a su pequeño pueblo.

Pocas semanas más tarde Cristina descendía las escaleras del hotel. Su joven rostro estaba cansado. Sus ojos cafés ya no danzaban de vigor, sino que revelaban dolor y miedo. Su risa se había quebrado. Su sueño se había vuelto una pesadilla. Miles de veces había anhelado cambiar ese sinnúmero de camas por su camastro seguro. Aun así, el pequeño pueblo estaba, de muchas maneras, demasiado lejos.

Al llegar al final de las escaleras, sus ojos percibieron un rostro conocido. Miró de nuevo y allí, en el espejo del recibidor, había una pequeña foto de su madre. Los ojos de Cristina ardían y su garganta se puso tensa al atravesar la sala y tomar la foto. Escrita en el reverso estaba esta convincente invitación: «Sea lo que sea que hayas hecho, en lo que te hayas convertido, no importa. Por favor, vuelve a casa».

Y ella lo hizo.

3

LUCES BRILLANTES EN LAS NOCHES OSCURAS

Pero Jehová tenía preparado un gran pez que tragase a Jonás; y estuvo Jonás en el vientre del pez tres días y tres noches.

Entonces oró Jonás a Jehová su Dios desde el vientre del pez, y dijo:

> *Invoqué en mi angustia a Jehová, y él me oyó;*
> *Desde el seno del Seol clamé,*
> *Y mi voz oíste. [...]*
> *Mas yo con voz de alabanza te ofreceré sacrificios;*
> *Pagaré lo que prometí.*
> *La salvación es de Jehová.*

Y mandó Jehová al pez, y vomitó a Jonás en tierra.

—JONÁS 1.17-2.2, 2.9-10

Dios ha lanzado chalecos salvavidas a todas las generaciones.

Observa a Jonás en la panza del pez, rodeado de jugos gástricos y algas marinas ingeridas. Durante tres días Dios lo ha dejado allí. Durante este tiempo Jonás ha estudiado sus opciones. Y no ha podido más que llegar a la misma conclusión: No tiene opciones. Desde donde está sentado (o flotando) existen dos salidas, y ninguna resulta demasiado atractiva. Pero tampoco Jonás parece atractivo. Arruinó su oportunidad de predicar. Como fugitivo resultó ser un fracaso. En el mejor de los casos es un cobarde y en el peor es un traidor. Y lo que siempre le ha faltado ahora lo tiene de sobra: agallas.

De manera que Jonás hace lo único que puede hacer: ora. Nada dice sobre su propia bondad, sino que habla mucho acerca de la bondad de Dios. Ni siquiera solicita ayuda, pero eso es lo que recibe. Antes de que pueda decir amén, la panza se contrae, el pez vomita y Jonás cae de cara sobre la playa.

Los esfuerzos de Dios son más grandes cuando los nuestros son inútiles.

· 4 ·

NO TE ABANDONARÉ

Porque [Dios] dijo: No te desampararé, ni te dejaré.

—HEBREOS 13.5

M adeline, de cinco años de edad, saltó a las rodillas de su padre.

«¿Comiste lo suficiente?», le preguntó él.

Ella sonrió y se golpeó suavemente la barriga: «No puedo comer más».

«¿Te dieron queque de la abuelita?».

«Un gran pedazo».

Joe miró a su mamá a través de la mesa. «Parece que estamos todos satisfechos. Parece que no podremos hacer otra cosa que irnos a la cama».

Madeline puso sus lindas manos a cada lado de su rostro. «Pero, papi. Esta noche es Nochebuena, y tú dijiste que podríamos bailar».

Joe fingió no acordarse. «¿Yo dije eso? No recuerdo haber dicho algo relacionado con bailar».

La abuelita sonrió y pasó su mano por la cabeza de la niña mientras empezaba a recoger las cosas de la mesa.

«Pero, papi», rogó Madeline, «nosotros siempre bailamos en Nochebuena. Solo tú y yo, ¿recuerdas?».

Una sonrisa se dibujó por debajo de su grueso bigote. «Por supuesto que lo recuerdo, querida. ¿Cómo podría olvidarlo?».

Y diciendo eso se puso de pie, tomó la mano de la niña y la puso en la suya. Por un momento, solo un momento, su esposa volvió a estar alerta, y los dos caminaron hacia el estudio para pasar otra Nochebuena como tantas que habían pasado, bailando hasta la madrugada.

Habrían podido bailar el resto de sus vidas, pero vino el sorpresivo embarazo y las complicaciones. Madeline sobrevivió, pero su madre no. Y Joe, el rudo carnicero de Minnesota, quedó solo para criar a Madeline.

«Ven, papi», le dijo, tirándolo de la mano. «Bailemos antes que lleguen». Ella tenía razón. Pronto sonaría el timbre de la puerta y los familiares inundarían la casa y la noche habría pasado.

Pero por ahora, solo estaban papi y Madeline.

⎯⎯◇◇◇⎯⎯

El amor de un padre por su hijo es una fuerza poderosa. Piensa en la pareja con su bebé recién nacido. El niño no le ofrece a sus padres absolutamente nada. Ni dinero, ni habilidades, ni palabras de sabiduría. Si tuviera bolsillos, estarían vacíos. Ver a un bebé acostado en su camita es ver a un indefenso. ¿Qué tiene como para que se le ame?

Lo que sea, mamá y papá lo saben identificar. Si no, observa el rostro de la madre mientras le da de mamar a su bebé. O la mirada del papá mientras lo acuna. O trata de causar daño o hablar mal del niño. Si lo haces, te vas a encontrar con una fuerza poderosa porque el amor de un padre es una fuerza poderosa.

En una ocasión Jesús dijo que si nosotros los humanos somos capaces de amar así, cuánto más nos amará Dios, el Padre sin pecado y generoso.[1] ¿Pero qué ocurre cuando el amor no es correspondido? ¿Qué ocurre al corazón del padre cuando su hijo se va?

La rebeldía atacó el mundo de Joe como una ventisca a Minnesota. Cuando tuvo edad para conducir un automóvil, Madeline decidió que ya era lo suficientemente mayor como para dirigir su vida. Y esa vida no incluía a su padre.

«Debí habérmelo imaginado», diría Joe más tarde, «pero por mi vida que no lo hice». No había sabido qué hacer. No sabía cómo vérselas con narices rotas ni camisetas apretadas. No entendía de trasnochadas ni de malas notas. Y, lo que es peor, no sabía cuándo hablar y cuándo guardar silencio.

Ella, por otro lado, lo sabía todo. Cuándo hablar a su padre: nunca. Cuándo quedarse callada: siempre. Sin embargo, las cosas eran al revés con su amigo de la calle, aquel muchacho flacucho y tatuado. No era un muchacho bueno, y Joe lo sabía.

No iba a permitir que su hija pasara la Nochebuena con ese muchacho.

«Pasará la noche con nosotros, señorita. Comerá el queque de la abuelita en la cena en su casa. Celebraremos juntos la Nochebuena».

Aunque estaban sentados a la misma mesa, parecía que estaban en puntos distintos de la ciudad. Madeline jugaba con la comida sin decir palabra. La abuela trataba de hablar a Joe, pero este no estaba de humor para charlar. Una parte de él estaba furiosa; la otra parte estaba desconsolada. Y el resto de él habría dado cualquiera cosa para saber cómo hablar a esta niña que una vez se había sentado en sus rodillas.

Llegaron los familiares, trayendo con ellos un bienvenido final al desagradable silencio. Con la sala llena de ruidos y gente, Joe se mantuvo en un extremo y Madeline en el otro.

«Pon música, Joe», le recordó uno de sus hermanos. Así lo hizo. Pensando que sería una buena idea, se dirigió hacia donde estaba su hija. «¿Bailaría este baile con su papi?».

Por la forma en que ella resopló y se volvió podría haberse pensado que él le había dicho algo insultante. Ante la vista de toda la familia se dirigió a la puerta de la calle, la abrió y se fue, dejando a su padre solo.

Muy solo.

Según la Biblia, nosotros hemos hecho lo mismo. Hemos despreciado el amor de nuestro Padre. «Cada cual se apartó por su camino» (Isaías 53.6).

Pablo va un paso más allá con nuestra rebelión. Hemos hecho más que simplemente alejarnos, dice él. Nos hemos vuelto *incapaces de salvarnos*. «Éramos incapaces de salvarnos» (Romanos 5.6, NVI).

En el versículo 10 es aun más terminante: «Éramos enemigos de Dios». Duras palabras, ¿no crees? Un enemigo es un adversario. Uno que ofende, no por ignorancia, sino con intención. ¿Nos describe esto a nosotros? ¿Hemos alguna vez sido enemigos de Dios? ¿Alguna vez nos hemos vuelto contra nuestro Padre?

¿Alguna vez hemos...

hecho algo sabiendo que a Dios no le agradaba?

causado daño a alguno de sus hijos o a parte de la creación?

respaldado o aplaudido el trabajo de su adversario, el diablo?

llegado a mostrarnos, en público, como enemigos de nuestro Padre celestial?

Si es así, ¿no hemos asumido el papel de enemigo?

Entonces, ¿cómo reacciona Dios cuando nos transformamos en sus enemigos?

Madeline volvió esa noche, pero no por mucho tiempo. Joe nunca le faltó como para que ella se fuera. Después de todo, ¿qué significa ser hija de un carnicero? En sus últimos días juntos, él hizo todo lo que pudo. Le cocinó su comida favorita. Ella no tenía apetito. La invitó al cine. Ella se encerró en su cuarto. Le compró un vestido nuevo. Ella nunca le dio las gracias. Hasta que llegó aquel día primaveral en que él salió temprano de su trabajo para estar en casa cuando ella llegara de la escuela.

Desde ese día, ella nunca más volvió a casa.

Un amigo la vio junto a su amigo en las cercanías de la estación de autobuses. Las autoridades confirmaron la compra de dos pasajes para Chicago; adónde fue desde allí, nadie lo sabe.

El camino más famoso en el mundo es la Vía Dolorosa, «la ruta de la tristeza». Según la tradición, es la ruta que Jesús tomó desde el palacio de Pilato al Calvario. La ruta está marcada por estaciones que los cristianos usan con frecuencia para sus devociones. Una de las estaciones marca el paso del veredicto de Pilato. Otra, la aparición de Simón para ayudar a llevar la cruz. Dos estaciones recuerdan las caídas de Jesús y otra sus palabras. Entre todas, hay catorce estaciones, cada una recordando los sucesos de la caminata final de Cristo.

¿Es la ruta verdadera? Probablemente no. Cuando Jerusalén fue destruida, en el año 70 A.D. y más tarde en el 135, las calles de la ciudad lo fueron también. Como resultado, nadie sabe exactamente cuál fue la ruta que Jesús siguió aquel viernes.

Pero nosotros sabemos dónde comienza este camino.

Comienza no en la corte de Pilato, sino en los salones del cielo. El Padre inició su jornada cuando dejó su hogar para venir en busca nuestra. Inició la búsqueda armado con nada más que una pasión para ganar tu corazón. Su deseo era circular: traer a sus hijos de vuelta a casa. La Biblia tiene una palabra para esta búsqueda: *reconciliación.*

«Dios estaba en Cristo reconciliando consigo al mundo» (2 Corintios 5.19). La palabra griega que se traduce *reconciliación* quiere decir «hacer que algo sea diferente».[2] La reconciliación desenreda lo enredado, invierte la rebelión, vuelve a encender la pasión que se ha enfriado.

La reconciliación toca el hombro del extraviado y lo pone en camino hacia el hogar.

El camino a la cruz nos dice exactamente hasta dónde va a llegar Dios para hacernos volver.

❧

El muchacho enjuto de los tatuajes tenía un primo. Este trabajaba en el turno de noche en una tienda al sur de Houston. Por unos cuantos dólares al mes permitía a los fugitivos permanecer en su apartamento por las noches, pero durante el día tenían que salir de allí.

No había problemas. Ellos tenían grandes planes. Él sería un mecánico y Madeline buscaría trabajo de vendedora en una tienda. Por supuesto, él no sabía nada en cuanto a automóviles y mucho menos sobre cómo conseguir un trabajo, pero uno no piensa en esas cosas cuando está viviendo intoxicado de libertad.

Después de un par de semanas, el primo cambió de opinión. Y el día que les dio a conocer su decisión, el joven enjuto con tatuajes dio a conocer la suya. Así fue que Madeline se encontró frente a la noche sin un lugar donde dormir ni una mano que la sostuviera.

Esta fue la primera de una serie de muchas noches.

Una mujer en el parque le habló de un hogar para desamparados cerca del puente. Por unos cuantos dólares ella podría obtener un plato de sopa y un catre. Unos cuantos dólares era todo lo que tenía. Usó su mochila como almohada y su chaqueta como frazada. El cuarto era tan bullicioso que no se podía dormir. Madeline volvió la cabeza hacia la pared y por primera vez en muchos días pensó en la barbuda faz de su padre y cómo él le daba un beso cada noche. Pero cuando las lágrimas quisieron brotar de sus ojos, se resistió a llorar. Metió el recuerdo bien hondo en su memoria y decidió no volver a pensar en su casa.

Había llegado tan lejos que ya era imposible volver.

A la mañana siguiente la joven que ocupaba el catre al lado del suyo le mostró un puñado de propinas que había ganado bailando sobre las mesas. «Esta es la última noche que dormiré aquí», le dijo. «Ahora podré pagar mi propio lugar. Me dijeron que están necesitando más bailarinas. Deberías venir conmigo». Buscó en el bolsillo de su chaqueta y sacó una libreta. «Aquí está la dirección», le dijo, entregándole un papelito.

Con solo pensarlo el estómago de Madeline empezó a darle vueltas. Todo lo que pudo hacer fue mascullar: «Lo pensaré».

El resto de la semana lo pasó en las calles buscando trabajo. Al final de la semana, cuando tenía que pagar la cuenta en el refugio, buscó en sus bolsillos y sacó el papelito. Era todo lo que le quedaba.

«No voy a pasar esta noche aquí», se dijo y se dirigió a la puerta.

El hambre tiene su manera de suavizar las convicciones.

Orgullo y vergüenza. ¿No sabías que son hermanas? Parecen ser diferentes. El orgullo le infló el pecho. La vergüenza le hizo agachar la cabeza. El orgullo alardea. La vergüenza hace ocultarse. El orgullo procura ser visto. La vergüenza trata de evitarse.

Pero no te llames a engaño: las emociones tienen el mismo parentesco y el mismo impacto. Te mantienen alejado de tu Padre.

El orgullo dice: «Eres demasiado bueno para él».

La vergüenza dice: «Eres demasiado malo para él».

El orgullo te aleja.

La vergüenza te mantiene alejado.

Si el orgullo es lo que hay antes de una caída, la vergüenza es lo que te impide levantarte después.

Si algo sabía Madeline, era bailar. Su padre le había enseñado. Ahora hombres de la edad de su padre la observaban. Ella no se daba cuenta de ese detalle, sencillamente no pensaba en eso. Simplemente hacía su trabajo y se ganaba sus dólares.

Quizás nunca habría pensado en eso, excepto por las cartas que su primo le llevaba. No una ni dos, sino una caja llena. Todas dirigidas a ella. Todas de su padre.

«Tu viejo novio debe estar chillando por ti. Llegan de estas dos o tres por semana», se quejaba el primo. «Dale tu dirección». Oh, pero no, ella no podía hacer eso. La encontraría.

No se atrevía a abrir las cartas. Sabía lo que decían: que volviera a casa. Pero si supiera lo que estaba haciendo no le escribiría.

Le pareció menos doloroso no leerlas. Así es que no las leyó. No esa semana ni la siguiente cuando su primo le trajo más, ni la siguiente cuando llegó de nuevo. Las guardó en el guardarropa del lugar donde bailaba, organizadas según la fecha. Pasaba su dedo por sobre cada una, pero no se atrevía a abrirlas.

La mayor parte del tiempo Madeline podía controlar sus emociones. Los pensamientos del hogar y los pensamientos de vergüenza se fundían en la misma parte de su corazón. Pero había ocasiones en que los pensamientos eran demasiado fuertes como para resistirlos.

Como aquella vez que vio un vestido en la ventana de una tienda. Un vestido del mismo color que el que le había comprado su padre. Un vestido que había sido demasiado sencillo para ella. De mala gana se lo puso y se paró frente al espejo. «Caray, estás tan alta como yo», le dijo su padre. Ella se puso rígida cuando él la tocó.

Al ver su cansado rostro reflejado en la ventana de la tienda, Madeline se dio cuenta que estaría dispuesta a dar mil trajes con tal de volver a sentir que la tocaba. Salió de la tienda con el firme propósito de no volver a pasar por allí.

Llegó la época en que las hojas se caen y el aire se pone frío. El correo siguió llegando y el primo quejándose a medida que crecía la cantidad de cartas. Ella seguía decidida a no mandarle su dirección. Incluso seguía sin leer las cartas.

Entonces, pocos días antes de Nochebuena, llegó otra carta. El mismo sobre. El mismo color. Pero esta no tenía el matasellos. Ni se la entregó su primo. Estaba en la mesa del cuarto de vestirse.

«Hace un par de días un hombre muy fornido vino y me pidió que te diera esto», explicó una de las otras bailarinas. «Dijo que entenderías el mensaje».

«¿Estuvo aquí?», preguntó, ansiosa.

La mujer se encogió de hombros. «Supongo que tuvo que ser él».

Madeline tragó y miró el sobre. Lo abrió y extrajo una tarjeta. «Sé donde estás», leyó. «Sé lo que haces. Esto no cambia para nada lo que siento. Todo lo que he dicho en cada una de las demás cartas sigue siendo verdad».

«Pero yo no sé lo que me has estado diciendo», dijo Madeline. Extrajo una carta de la parte superior del montón y la leyó. Luego hizo lo mismo con una segunda y una tercera. Cada carta tenía la misma frase. Cada frase hacía la misma pregunta.

En cosa de segundos el piso estuvo lleno de papeles mientras su rostro se sacudía por el llanto.

Antes de una hora se encontraba a bordo de un autobús. «Ojalá que llegue a tiempo».

Lo logró apenas.

Los familiares estaban empezando a retirarse. Joe estaba ayudando a la abuela en la cocina cuando su hermano lo llamó. «Joe, alguien está aquí y quiere verte».

Joe salió de la cocina y se detuvo. En una mano la niña sostenía una mochila. Y en la otra sostenía una tarjeta. Joe vio la pregunta en sus ojos.

«La respuesta es "sí"», dijo ella a su padre. «Si la invitación todavía se mantiene, la respuesta es "sí"».

Joe tragó, emocionado. «Oh, sí. La invitación se mantiene».

Y así, los dos volvieron a bailar en Nochebuena.

Sobre el piso, cerca de la puerta, permanecían las cartas con el nombre de Madeline y el ruego de su padre.

«¿Quisieras venir a casa y bailar con tu papi otra vez?».

· 5 ·

LA COPA DE ORO

*Pero la serpiente era astuta, más que todos los animales
del campo que Jehová Dios había hecho; la cual dijo a la
mujer: ¿Conque Dios os ha dicho: No comáis de todo
árbol del huerto? Y la mujer respondió a la serpiente: Del
fruto de los árboles del huerto podemos comer; pero del
fruto del árbol que está en medio del huerto dijo Dios:
No comeréis de él, ni le tocaréis, para que no muráis.
Entonces la serpiente dijo a la mujer: No moriréis; sino
que sabe Dios que el día que comáis de él, serán abiertos
vuestros ojos, y seréis como Dios, sabiendo el bien y el
mal. Y vio la mujer que el árbol era bueno para comer, y
que era agradable a los ojos, y árbol codiciable para
alcanzar la sabiduría; y tomó de su fruto, y comió; y dio
también a su marido, el cual comió así como ella.*

—GÉNESIS 3.1–6

Saltan llamas desde el monte. Nubes de humo flotan hacia lo alto. Lenguas ardientes chasquean y explotan.

De en medio de las llamas se oye un grito. El clamor de un prisionero porque la puerta del calabozo está cerrada. El gemido de un león cuando siente el ardor de la selva en llamas.

El grito de un hijo perdido cuando busca a su padre.

"Dios mío, Dios mío, ¿por qué me has abandonado?».

Las palabras rebotan de una estrella a otra y se estrellan en el aposento del Rey. Mensajeras de un sangriento campo de batalla entran a traspiés en la presencia del Rey. Heridas y quebrantadas suplican ayuda, alivio.

Los soldados del Rey se preparan para atacar. Montan sus corceles y levantan sus escudos. Sacan sus espadas.

Pero el Rey está callado. Es la hora que ha planeado. Él conoce el procedimiento. Ha esperado estas palabras desde el principio, desde que el primer veneno se filtró en el reino.

Vino camuflado. Vino en una esbelta copa de oro. Tenía sabor de fruta. No vino de manos del rey, sino de manos de un príncipe, el príncipe de las sombras.

Hasta ese momento no había existido una razón para esconderse en el huerto. El Rey caminaba con sus hijos, y los hijos conocían a su rey. No había secretos. No había sombras.

Entonces el príncipe de las sombras entró en el huerto. Tenía que esconderse. Era demasiado feo, demasiado repulsivo. Tenía la cara marcada de cráteres. Entonces vino en la oscuridad. Vino envuelto de ébano. Estaba completamente escondido, solo se oía su voz.

«Pruébalo», susurró, sujetando la copa frente a ella. «Está endulzada con sabiduría».

La hija oyó la voz y se dio vuelta. Estaba intrigada. Sus ojos nunca habían visto una sombra. Había algo tentador en el hecho de que se ocultara.

El Rey observó. Su ejército sabía que el príncipe de las sombras no era un contrincante frente a su poderosa legión. Dispuestos, aguardaron la orden para atacar.

Pero no se dio ninguna orden.

«La elección es de ella», indicó el Rey. «Si ella se vuelve a nosotros para pedir ayuda, esto constituirá el mandato para librarla. Si ella no se vuelve, si no me busca, no lo hagan. La elección es de ella».

La hija se quedó mirando la copa. Rubíes incrustados en oro de filigrana la invitaban a tocar. El vino la invitaba a probar. Extendió su mano y tomó la copa, y bebió el veneno. Sus ojos nunca miraron arriba.

El veneno la invadió de inmediato, distorsionó su visión, marcó su piel, torció su corazón. Se zambulló en la sombra del príncipe.

De repente estaba sola. Extrañó la intimidad para la cual fue creada. Con todo, en lugar de volverse al Rey, decidió tentar a otro para alejarse de él. Volvió a llenar la copa y la ofreció al hijo.

Una vez más el ejército se alistó en posición. Una vez más escucharon el mandato del Rey. Sus palabras fueron las mismas. «Si él me mira, apresúrense a ayudarlo. Si no, no vayan. La elección es de él».

La hija puso la copa en las manos del hijo. «Está bien», le aseguró. «Es dulce». El hijo miró el deleite que danzaba en los ojos de ella. Detrás de ella, una silueta.

«¿Quién es él?», preguntó el hijo.

«Bébela», insistió ella. Su voz estaba ronca de deseo.

La copa se sintió fría en los labios de Adán. El líquido quemó su inocencia. «¿Más?», pidió mientras pasaba su dedo por el residuo en el fondo y lo ponía en su boca.

Los soldados miraron al Rey a la espera de instrucciones. Sus ojos estaban húmedos.

«¡Tráeme tu espada!». El general bajó de su caballo y se dirigió rápidamente hacia el trono. Extendió la espada desenvainada ante el Rey.

El Rey no la tomó, apenas la tocó. Cuando la punta de su dedo encontró la punta de la espada, el hierro enrojeció de calor. Se puso más y más brillante hasta que ardió.

El general sostuvo la espada ardiente y esperó la orden del Rey. Vino en forma de decreto.

«Honraremos su elección. Donde hay veneno, habrá muerte. Donde hay copas, habrá fuego. Que así se haga».

El general galopó al huerto y tomó su puesto en la puerta. La espada en llamas proclamaba que el paso de las sombras nunca más oscurecería el reino de la luz. El Rey odiaba las sombras. Las odiaba porque en las sombras los hijos no podían ver a su Rey. El Rey odiaba las copas. Las odiaba porque hicieron que sus hijos olvidaran al Padre.

Pero fuera del huerto el círculo de la sombra se hizo más grande, y más copas vacías contaminaron el suelo. Había más rostros desfigurados. Más ojos con mirada distorsionada. Más almas torcidas. Se olvidó la pureza, y toda visión del Rey se perdió. Nadie recordaba que una vez hubo un reino sin sombras.

En sus manos estaban las copas del egoísmo.

En sus labios estaba la letanía del mentiroso. «Pruébalo. Es dulce».

Y conforme a las palabras del Rey, donde había veneno hubo muerte. Donde había copas, hubo fuego. Hasta el día en que el Rey envió a su Príncipe.

El mismo fuego que encendió la espada ahora alumbró una vela, y la puso en medio de las sombras.

Su llegada, como la del portador de la copa, no pasó desapercibida.

«¡Una estrella!». Así se anunció su venida. «Una estrella radiante en un cielo oscuro». Un diamante que brilla en el polvo.

«Resplandece, Hijo mío», susurró el Rey.

Muchas veces se le ofreció la copa al Príncipe de la luz. Muchas veces vino de manos de aquellos que abandonaron al Rey. «Pruébala nada más, amigo». Con angustia, Jesús miró a los ojos de quienes trataban de tentarlo. ¿Cuál es este veneno que llevaría a un prisionero a tratar de matar a aquel que acude en su rescate?

La copa todavía tenía el sabor cautivante del poder y el placer prometidos. Pero para el Hijo de Luz su olor era nauseabundo. Solo ver la copa enojó de tal manera al Príncipe que la arrojó de la mano del tentador, quedando los dos solos, mirándose fijamente.

—Probaré el veneno, —juró el Hijo del Rey—. Para esto he venido. Pero la hora la elijo yo.

Al fin llegó la hora. El Hijo acudió a una última visita con su Padre. Se encontraron en otro huerto. Un huerto de árboles retorcidos y suelo pedregoso.

—¿Tiene que ser de esta manera?

—Así es.

—¿No hay alguien más que pueda hacerlo?

El Rey se contuvo.

—Nadie sino tú.

—¿Tengo que beber la copa?

—Sí, Hijo mío. La misma copa.

Miró al Príncipe de Luz.

—La oscuridad será grande. —Pasó su mano por el inmaculado rostro de su Hijo—. El dolor será horrible.

Luego se detuvo y miró su dominio entenebrecido. Cuando miró a lo alto, sus ojos estaban húmedos.

—Pero no hay otro camino.

El Hijo miró las estrellas al oír la respuesta.

—Entonces, que así se haga.

Las palabras que matarían al Hijo empezaron a salir lentamente de los labios del Padre.

«Hora de muerte, momento de sacrificio, este es tu momento. Recreado millones de veces en altares falsos con falsos corderos. Ha llegado el momento de la verdad».

«Soldados, ¿creen ustedes que lo conducen? Lazos, ¿creen ustedes que lo atan? Hombres, ¿creen ustedes que lo condenan? Él no atiende a sus mandatos. Él no se doblega ante sus azotes. Es mi voz la que obedece. Es mi condenación la que teme. Y son sus almas las que salva.

«Oh, Hijo mío, mi Hijo. Mira los cielos y mira mi rostro antes que me vuelva. Oye mi voz antes que calle. Si pudiera salvarte a ti y a ellos. Pero ellos no ven, y no oyen.

«El vivo debe morir para que el muerto pueda vivir. Ha llegado la hora de matar al Cordero.

«Aquí está mi copa, Hijo mío. La copa de dolores. La copa de pecado.

«¡Golpea, martillo! Sé fiel a tu tarea. Deja que tu golpe resuene por todos los cielos.

«Levántenlo, soldados. Levántenlo en alto a su trono de misericordia. Levántenlo en su percha de muerte. Álcenlo por encima de aquellos que maldicen su nombre.

«Ahora claven el árbol en la tierra. Clávenlo profundo en el corazón de la humanidad. Profundo en las capas de tiempos pasados. Al fondo en las semillas del tiempo futuro».

«¿No hay ángel que salve a mi Isaac?». ¿No hay mano que redima al Redentor?

«Aquí está la copa, Hijo mío. Bébela solo».

Dios debió haber llorado al ejecutar su tarea. Cada mentira, cada tentación, cada acto cometido en las sombras estaba en esa copa. Lenta y horrible penetró el cuerpo del Hijo. El último acto de encarnación.

El Cordero sin mancha fue manchado. Llamas empezaron a lamer sus pies.

El Rey obedeció su propio decreto. «Donde hay veneno, habrá muerte. Donde hay copas, habrá fuego».

El Rey se apartó de su Príncipe. La ira no diluida de un Padre que odia el pecado cae sobre su Hijo lleno de pecado. El fuego lo abraza. La sombra lo oculta. El Hijo busca a su Padre, pero su Padre no puede verse.

«Dios mío, Dios mío... ¿por qué?».

El aposento del trono está oscuro y cavernoso. Los ojos del Rey están cerrados. Está descansando.

En su sueño está de nuevo en el huerto. La frescura de la noche atravesaba el río mientras los tres caminaban. Hablan del huerto, de cómo es, de cómo será.

«Padre...», empieza el Hijo. El Rey repite de nuevo la palabra. Padre. Padre. La palabra era una flor, delicada como un pétalo, tan fácil de aplastar. Oh, cuánto anhelaba que sus hijos volvieran a llamarlo Padre.

Un ruido interrumpe su sueño. Abre sus ojos y ve una figura extraordinaria que brilla en la entrada. «Se ha terminado, Padre. He vuelto a casa».

· 6 ·

MÁS CERCA DE LO
QUE SOÑASTE

Acercaos a Dios, y él se acercará a vosotros.

—SANTIAGO 4.8

Bentley Bishop salió del ascensor para quedar inmerso en un mar de actividades dirigidas exclusivamente a él. La primera voz que escuchó expresaba la urgencia de Eric, su productor.

«Señor Bishop, he tratado de comunicarme con usted durante las últimas dos horas». Eric temblaba de puro nerviosismo. No era muy alto y traía la ropa arrugada, la corbata suelta y los mismos zapatos que había usado durante el último año. Aunque apenas acababa de cumplir treinta años, la calvicie ya había arrasado casi con la mitad de su cabeza. Su estilo no era el último grito de la moda, pero su conocimiento y experiencia en los medios sí tenía mucho peso.

Eric leía la sociedad como un radar. Conocía a fondo la cultura: las novedades pasadas, las tendencias del mañana, a quiénes iban a seguir los adolescentes y las dietas de los ejecutivos. Resultado, sabía producir programas de opinión. Conocía los temas más interesantes y «calientes», así como a los mejores invitados, y Bentley Bishop estaba seguro de que su programa no corría peligro en manos de Eric. Tanto, que poco le importaba su tendencia a caer presa del pánico por el más mínimo contratiempo.

—Eric, nunca llevo teléfono al campo de golf. Tú lo sabes.

—¿No le avisaron los encargados que yo llamé?

—Sí, me informaron.

La maquilladora acababa de amarrar un delantal al cuello de Bishop.

—Dulzura, ¿hoy quedé bien bronceado? —le preguntó, examinándola de la cabeza a los pies. Era tan joven como para ser su hija, pero su mirada no fue nada paternal—. Por supuesto, el rubor de la cara es culpa tuya, Meagan. Verte siempre me hace sonrojar.

El coqueteo de Bishop asqueaba a todos menos a él mismo. El equipo de producción le había visto hacer lo mismo con una docena de otras chicas. Las dos recepcionistas intercambiaron miradas exasperadas. También a ellas solía hablarles con piropos y empalagos, pero últimamente se le antojaba juguetear con «la dulzura en los pantalones apretados», como le habían oído describirla.

Eric habría despedido a Meagan sin vacilar, pero no tenía la autoridad. Meagan habría renunciado sin mirar atrás, pero necesitaba el dinero.

—Señor Bishop —dijo Eric mientras miraba su reloj—. Tenemos un problema.

El anuncio se escuchó desde el otro lado del pasillo: «Quince minutos para salir al aire».

—Qué lío —bromeó Bishop mientras se quitaba el delantal de maquillaje—. Parece que tendremos que terminar esto después, nena.

Meagan aplicó un toque final de polvo a la mejilla y ofreció una sonrisa forzada.

—El doctor Allsup canceló —informó Eric mientras ambos se dirigían hacia el estudio.

—¿Qué?

—Por la situación del clima. Llamó desde el aeropuerto de Chicago.

—¿Hay problemas meteorológicos en el medio oeste?

—Sí, al parecer en Chicago.

Los dos se detuvieron a la mitad del pasillo y por primera vez, desde su llegada, Bishop prestó a Eric toda su atención. Al acercarse a su productor, la altura de Bishop se hizo notable y con su melena de pelo grueso y blanco se veía aun más alto. Al parecer, todos en Norteamérica reconocían esa mandíbula cuadrada y esas cejas de oruga. Veinte años de entrevistas vespertinas televisadas le habían elevado a estrella de la pantalla chica.

—¿Cuál es nuestro tema esta noche? —preguntó.

—Cómo sobrevivir el estrés.

—Muy apropiado. ¿Llamaste a algunos suplentes?

—Lo hice.

—¿El doctor Varner?

—Está enfermo.

—¿El doctor Chambers?

—Está fuera de la ciudad.

—¿Y aquellos dos que tuvimos el mes pasado que escribieron ese libro sobre técnicas de respiración?

—*Respira bien, vive bien.* Uno está resfriado, el otro no devolvió la llamada.

—Entonces, solo nos queda el rabino.

—Tampoco está disponible.

—¿El rabino Cohen? Él nunca sale de viaje. Ha sido nuestro invitado suplente durante diez años.

—Quince. Su hermana murió y tuvo que irse a Kansas.

—¿Con quién nos quedamos entonces? ¿Entrevistamos a un invitado por vía telefónica? Ya sabes que no me gusta hacer eso.

Ahora la voz de Bishop empezaba a sonar como un trueno y a Eric se le enrojeció la cara. El corredor del noveno piso en el edificio Burbank Plaza quedó en silencio. Todos seguían atareados, pero bastante callados. Nadie envidiaba a Eric en ese momento.

—Tampoco se puede hacer una entrevista a distancia, señor Bishop. El sistema dejó de funcionar.

—¿Qué?

—Por una descarga eléctrica durante la tormenta de anoche.

—¿Hubo tormenta anoche? —preguntó Bishop a todos los que pudieran escucharlo.

Eric se encogió de hombros.

—Logré una conexión para entrevistar al médico del presidente cuando descubrimos los problemas técnicos. No podemos recibir señales externas.

Hacía rato que la sonrisa había desaparecido de la cara de Bishop.

—No tenemos invitados y no hay señal externa, ¿por qué no me llamaste?

Eric sabía que le valía más abstenerse de contestar honestamente.

—¿Ya hay gente en el estudio?

—Está repleto. Vinieron a ver al doctor Allsup.

—¿Qué hacemos entonces? —demandó Bishop.

«¡Diez minutos!», dijo una voz.

—Tenemos un invitado —explicó Eric mientras se encaminaba despacio hacia la puerta del estudio—. Ya está en maquillaje.

—¿Dónde lo encontraste?

—Creo que él nos encontró a nosotros —ahora ambos caminaban con paso acelerado—. Me envió un mensaje electrónico hace una hora.

—¿Cómo consiguió nuestra dirección?

—No sé. Tampoco sé cómo se enteró de nuestro problema, pero está al tanto.

Eric sacó un pedazo de papel del bolsillo de su chaqueta.

—Me dijo que lamenta lo sucedido con Varner, Chambers, el clima en Chicago y la sobrecarga eléctrica de anoche, pero que no le había gustado el libro sobre la respiración. Al enterarse de nuestra precaria situación, se ofreció a participar en el programa.

—Eso no tiene sentido.

Eric abrió la puerta. Bishop entró sin perder de vista a Eric ni un instante.

—¿Ya lo dejaste entrar?

—En realidad, entró por iniciativa propia, pero hice varias llamadas y sé que está causando gran revuelo, sobre todo en los mercados secundarios.

Enseña ética en una escuela superior cerca de Birmingham, Alabama. Algunos líderes religiosos están preocupados por su popularidad, pero le gusta mucho a la gente común y corriente. Da conferencias en universidades y es popular en los banquetes. Habla mucho sobre cómo encontrar paz en el alma.

Ahora Bishop se encaminaba hacia el auditorio.

—A mí me vendría bien un poco de paz. Espero que este tipo sea bueno. ¿Cuál es su nombre?

—Jesse. Jesse Carpenter.

—Nunca lo he oído mencionar. Vamos a darle quince minutos. Para la segunda mitad del programa, vuelve a pasar el segmento de novedades.

—Pero ya hicimos eso la semana pasada.

—La gente se olvida. Ve al cuarto de maquillaje para seguirle la pista a este carpintero.

Meagan podía ver su rostro y el de Jesse en el espejo. Más tarde le describiría como apuesto, aunque no para morirse por él. Traía una chaqueta de corduroy marrón con parches en los codos, pantalón color caqui y una corbata aceptable aunque olvidable. Se hacía la raya del pelo a un lado y parecía recién peinado en la peluquería. Meagan ató el delantal a su cuello y empezó con una conversación de cortesía, pero el hombre sonreía sin necesidad de que lo entretuvieran.

—¿Primera vez en el programa?

—Sí.

—¿Primera vez en la costa oeste?

—Se podría decir que sí.

Meagan aplicó una base a sus mejillas y luego se detuvo. Él la estaba mirando fijamente.

—¿Es indispensable hacer esto? —preguntó. No disfrutaba para nada la rutina.

—Esto evita que la cara le brille demasiado —le explicó.

Mientras le aplicaba el maquillaje, Jesse cerró sus ojos y después los abrió para mirarla, sin decir palabra. Meagan se preguntó qué estaría pensando. Cuando los hombres se quedaban mirándola, ella sabía qué tenían en mente. *Probablemente es igual a los demás.* Se puso detrás de la silla y le mojó el pelo con un rociador. Él cerró otra vez los ojos. Ella se miró en el espejo, sintiendo curiosidad por lo que él pensara de ella al ver su rosa tatuada en el cuello, su pelo negro estilizado y sus uñas brillantes. Se había amarrado la camiseta en la espalda para dejar expuesto su estómago. Un aspecto muy distante al que tuvo como directora de la orquesta de secundaria. Su hermano mayor, que administraba la farmacia familiar en Missouri, siempre la llamaba para decirle: «No te vayas a poner un tatuaje, ¿me oyes? Y quítate esas arandelas de la nariz». Ella no le prestaba atención.

En realidad no le importaba lo que él pensara. Después de todo, tenía veintiún años. ¿No puede una chica tener su propia vida?

—¿Arquitectura?

La pregunta de una sola palabra tomó a Meagan por sorpresa.

—¿Qué?

Jesse abrió los ojos y con ellos le guió a la bolsa abierta que estaba sobre el mostrador. Podía verse la portada de la revista *Architectural Digest*.

—Es como un interés secreto que tengo —explicó ella—. Quién sabe, algún día...

—¿Tienes otros secretos?

Meagan suspiró. *¡Qué clase de insinuación!*

—Ninguno que necesite contarle —se encogió de hombros. Los hombres nunca dejaban de asombrarla. La advertencia de su madre fue correcta: *No importa qué tan bueno sea el mozuelo, primero echa la cuerda y después viene el anzuelo.* Durante unos minutos ninguno habló palabra. Así le gustaba a Meagan. Ella encontraba seguridad en el silencio. En cambio, Jesse no había terminado.

—Bishop te exige bastante.

Meagan movió la cabeza.

—¿Fue esa una pregunta?

—No, solo la verdad.

—Él no es malo conmigo.

Meagan evadió el tema intencionalmente y esquivó los ojos de Jesse mientras le empolvaba la frente por última vez. El tono de Jesse fue solemne.

—Meagan, no dejes que se endurezca tu corazón. No fuiste creada para siempre reaccionar con los nervios de punta y estar tan a la defensiva.

Ella dejó caer sus manos y miró a Jesse, sintiéndose primero ofendida y de inmediato curiosa.

—¿Qué sabe usted de mí?

—Sé que eres una persona mejor de lo que pareces. También sé que no es demasiado tarde para que hagas un cambio. ¿Te has fijado en esa calle por la que estás caminando? Las casas se ven lindas por fuera, pero el camino no lleva a ninguna parte.

Ella empezó a elaborar alguna refutación, pero los ojos de él atraparon los suyos.

—Yo podría ayudarte, Meagan. De verdad que sí.

«Pues no necesito su ayuda», fueron las palabras que quiso decir, pero no las dijo. Él le ofreció una suave y reconfortante sonrisa. Hubo otro momento de silencio, pero no fue incómodo. Tan solo silencio. Meagan sintió que se formaba una sonrisa en su rostro, como preparándose para responder algo, pero en ese momento...

«¡Cinco minutos!», gritó una voz del estudio. Meagan levantó la mirada y vio a Eric.

◆

Meagan nunca veía el *Programa de Bentley Bishop*. Los primeros días había tratado, pero muy pronto se hartó de su sonrisa postiza y voz de animador de fiestas. Perdió todo interés en lo que la rodeaba y aunque había tratado de conversar con otros miembros del personal, ellos le echaban en cara la manera como había obtenido y conservado su empleo. Los veteranos del programa conformaban un club hermético y las chicas como Meagan no tenían posibilidad de ser acogidas. «Cualquiera pensaría que soy leprosa», dijo entre dientes después de su último intento de entablar conversación.

Meagan siguió su diario ritual de limpiar el mostrador, sacar su revista de arquitectura y sentarse en la silla de maquillaje. Pero ese día, al tomar el control remoto para apagar el monitor del cuarto de maquillaje, vio a Jesse entrar al escenario.

El público aplaudió por cortesía. Miraron a Jesse saludar al anfitrión, tomar asiento y asentir a los presentes. Bishop dirigió su atención a las tarjetas guía que estaban sobre la mesa, cada una con alguna pregunta preparada por Eric. Las barajó y puso a rodar la bola.

—Cuéntenos de usted, señor Carpenter. Según tengo entendido es profesor en una universidad comunitaria.

—Sí, mayormente enseño clases nocturnas.

—¿En Alabama?

—Sí señor, en Sawgrass, Alabama.

—¿La gente de Sawgrass sabe cuál es el significado de la palabra *estrés*?

Jesse asintió con la cabeza.

Bishop continuó:

—Este es un mundo muy, muy difícil. La competencia es brutal y las exigencias bastante altas. Díganos, ¿cómo podemos manejar el estrés?

El profesor se acomodó mejor en la silla, unió los dedos de sus manos como haciendo una pelota imaginaria y empezó a hablar.

—El estrés es un síntoma de necesidades y anhelos más profundos. Queremos que nos acepten y al mismo tiempo hacer una diferencia. La aceptación y una vida de importancia son tan valiosas para nosotros que para tenerlas hacemos todo lo necesario: Nos endeudamos para comprar una casa, estiramos las tarjetas de crédito para comprar ropa... y así comenzamos la vida en una estera.

—¿Una estera?

—Efectivamente, gastamos mucha energía pero no llegamos a ninguna parte. Al final del día, o al final de la vida, ni siquiera hemos avanzado un solo paso. Estamos atascados.

—¿Qué podemos hacer al respecto?

—Lo que hacemos *típicamente* no funciona. Nos vamos de vacaciones, tomamos píldoras, lo arriesgamos todo en Las Vegas, nos aprovechamos de mujeres más jóvenes...

Jesse fijó la mirada en Bishop mientras hablaba, pero si este se dio por aludido lo disimuló muy bien.

Meagan sí captó el mensaje y, por primera vez en mucho tiempo, sonrió.

—No funciona, señor Bishop. En mi tierra lo llamamos «sorber del pantano». En el pantano hay substancias que no estamos hechos para tomar.

Esta vez Jesse se dirigió a la cámara.

Por un instante Meagan sintió como si le hablara a ella, solo a ella. Como reflejo defensivo, enmudeció el volumen y solo le vio hablar.

Su participación en el programa no duró más de siete minutos. Ella alcanzó a oír más tarde que Bishop y Eric habían quedado complacidos, y hasta interesados en solicitarle que volviera al programa.

Ella abrigaba la esperanza de que lo hicieran.

Jesse vio a Meagan por la ventana de una cafetería mientras exprimía limón en su vaso de agua. Observó por unos minutos. El restaurante tenía aspecto añejo, al estilo de los cincuenta, con aparadores para venta de sodas y mesas con bordes metálicos. Dos hombres en un asiento contiguo le dijeron algo, pero ella los ignoró. El mesero le ofreció un menú y ella dijo que no. Un automóvil rechinó al frenar y asustó con la bocina a un peatón despistado. Ella levantó la mirada, y en ese momento Meagan lo vio.

Jesse sonrió pero ella no, aunque tampoco desvió la mirada. Lo vio cruzar la calle angosta, entrar a la cafetería y dirigirse hacia su mesa. Le preguntó si podía sentarse y ella asintió. Mientras él hacía señas al mesero, Meagan notó que Jesse se veía cansado.

Él dijo muy poco mientras esperaba su café. Ella, al principio, habló todavía menos. No obstante, tras romper el hielo le contó toda su historia. En Missouri la dejó un novio. Se cansó de su familia. Alguien le dijo que podía ganar dinero fácil haciendo comerciales. Huyó a la costa oeste. Se sometió a audición tras audición y rechazo tras rechazo. Finalmente decidió entrar a la escuela de cosmetología.

—Ni siquiera terminé el curso —confesó—. Me enteré de una oportunidad en el programa de Bentley Bishop. Fui a una entrevista y... —desvió la mirada— después de hacer lo que quiso, me contrató. Y ahora —dijo mientras le salía una lágrima—, estoy aquí. Pago el alquiler y no paso hambre. Tengo veintiún años de edad y ya aprendí a sobrevivir en Los Ángeles, como diría la canción del despecho. Pero estoy bien. Por lo menos eso es lo que me digo a mí misma.

El emparedado de Jesse llegó. Él le ofreció la mitad pero ella no quiso. Después de unos cuantos mordiscos, él se limpió los labios con una servilleta.

—Meagan, yo te conozco. He visto las manchas que dejan las lágrimas en las almohadas y te he visto recorrer las calles porque no podías dormir. Te conozco y sé que detestas aquello en lo que te estás convirtiendo.

—Bueno —dijo Meagan mientras se tocaba el ojo con un nudillo del dedo—, si eres tan buen adivinador dime: ¿Dónde está Dios en medio de todo esto? Le he buscado durante mucho, mucho tiempo. —Con un aumento repentino en el volumen de su voz, empezó a enumerar con los dedos sus malas acciones—. Abandoné a mis padres, me acuesto con mi jefe, he pasado más tiempo en bares que en iglesias y estoy cansada, ¡harta de todo esto! —se mordió el labio y bajó la mirada.

Jesse se inclinó en la misma dirección y captó su atención. Ella levantó los ojos y lo vio sonriendo, lleno de energía. Como si fuera un profesor de álgebra mientras ella se esforzaba en sumar dos dígitos.

—¿Dónde está Dios en todo esto? —dijo para recalcar la pregunta de Meagan—. Más cerca de lo que jamás has soñado. —Tomó el vaso de ella y lo sostuvo en su mano—. Meagan, todos los que beban esta agua volverán a quedar sedientos. En cambio, yo te ofrezco una bebida diferente. Cualquiera que bebe el agua que yo doy jamás tendrá sed. Nunca más.

De nuevo, silencio.

Con un dedo Meagan hundió los cubos de hielo en el vaso, y finalmente preguntó:

—¿Nunca más?

—Jamás.

Ella miró hacia la calle, después volvió a fijarse en él, y con toda la honestidad que tenía preguntó:

—Dime, Jesse, ¿quién eres en realidad?

Su nuevo amigo se inclinó hacia adelante para responder y le dijo:

—Pensé que nunca lo preguntarías.

... PARA EL QUE ESTÁ PLAGADO DE PESARES

Porque el Hijo del Hombre vino a buscar y a salvar lo que se había perdido.

—Lucas 19.10

· 7 ·

DOS LÁPIDAS

Vino una mujer de Samaria a sacar agua; y Jesús le dijo: Dame de beber. Pues sus discípulos habían ido a la ciudad a comprar de comer.

La mujer samaritana le dijo: ¿Cómo tú, siendo judío, me pides a mí de beber, que soy mujer samaritana? Porque judíos y samaritanos no se tratan entre sí.

Respondió Jesús y le dijo: Cualquiera que bebiere de esta agua, volverá a tener sed; mas el que bebiere del agua que yo le daré, no tendrá sed jamás; sino que el agua que yo le daré será en él una fuente de agua que salte para vida eterna.

La mujer le dijo: Señor, dame esa agua, para que no tenga yo sed, ni venga aquí a sacarla.

Jesús le dijo: Ve, llama a tu marido, y ven acá.

Respondió la mujer y dijo: No tengo marido.

Jesús le dijo: Bien has dicho: No tengo marido;

porque cinco maridos has tenido, y el que ahora tienes

no es tu marido; esto has dicho con verdad.

Le dijo la mujer: Señor, me parece que tú eres

profeta. Nuestros padres adoraron en este monte, y

vosotros decís que en Jerusalén es el lugar donde se debe

adorar.

Jesús le dijo: [...] Dios es Espíritu; y los que le

adoran, en espíritu y en verdad es necesario que adoren.

Le dijo la mujer: Sé que ha de venir el Mesías,

llamado el Cristo; cuando él venga nos declarará todas

las cosas.

Jesús le dijo: Yo soy, el que habla contigo. [...]

Entonces la mujer dejó su cántaro, y fue a la

ciudad, y dijo a los hombres: Venid, ved a un hombre

que me ha dicho todo cuanto he hecho. ¿No será éste el

Cristo?

—JUAN 4.7-9, 13-21, 24-26, 28-29

Había pasado por ahí en auto un sinnúmero de veces. A diario pasaba por el pequeño lote de tierra de camino a mi oficina. A diario me decía: *algún día tendré que detenerme allí.*

Hoy llegó ese «algún día». Convencí a una ambiciosa agenda que me diera treinta minutos, y entré.

El cruce no difiere mucho de cualquier otro en San Antonio: un Burger King, un Rodeway Inn, un restaurante. Pero si giras hacia el noroeste y pasas bajo el aviso de hierro, te encuentras en una isla de historia que resiste el río del progreso.

¿Qué dice el aviso? Cementerio Locke Hill.

Mientras me estacionaba noté que un cielo oscuro presagiaba lluvia. Un sendero solitario me invitaba a recorrer las más de doscientas lápidas. Los paternales robles formaban por encima de mí un arco que brindaba un techo para los solemnes aposentos. Hierba crecida, aún húmeda del rocío de la mañana, rozaba mis tobillos.

Las lápidas, aunque deterioradas y astilladas, estaban vivas con el ayer.

La inscripción *Ruhet in herrn* [descansa en el Señor] acentúa la inscripción de apellidos como Schmidt, Faustman, Grundmeyer y Eckert.

Ruth Lacey está sepultada allí. Nació en la época de Napoleón, en 1807. Murió hace más de un siglo, en 1877.

Estuve en el mismo lugar donde lloró una madre en un frío día hace unas ocho décadas. La lápida solo decía: «Bebé Bolt. Nació y murió el 10 de diciembre de 1910».

En 1883 sepultaron a un joven de dieciocho años, Harry Ferguson, con estas palabras: «Dulces sueños, fatigado joven peregrino». Me pregunté qué lo pudo haber fatigado.

Entonces lo vi. Estaba tallado en una tumba al lado norte del cementerio. La piedra señala el destino del cuerpo de Grace Llewellen Smith. No tenía fecha de nacimiento ni de muerte. Solo los nombres de sus dos esposos, y este epitafio:

Duerme, mas no descansa.
Amó, pero no fue amada.

Trató de agradar, pero no agradó.

Murió tal como vivió, sola.

Palabras de futilidad.

Me quedé mirando la inscripción y me cuestioné acerca de Grace Llewellen Smith. Me pregunté acerca de su vida. Me pregunté si ella había escrito las palabras... o solo las había vivido. Me pregunté si ella merecía ese dolor. Me pregunté si fue una mujer amargada o derrotada. Me pregunté si sería una mujer simple. Me pregunté si sería hermosa. Me pregunté por qué algunas vidas son tan fructíferas y otras tan estériles.

Me descubrí preguntándome en voz alta: «Señora Smith, ¿qué rompió su corazón?».

Gotas de lluvia corrieron mi tinta cuando copiaba las palabras.

Amó, pero no fue amada...

Largas noches. Camas vacías. Silencio. Ninguna respuesta a los mensajes dejados. Ninguna carta contestada. Ningún amor a cambio del amor entregado.

Trató de agradar, pero no agradó...

Podía oír los hachazos de la desilusión.

«¿Cuántas veces tengo que decirte?». Zuaz.

«Nunca valdrás nada». Zuaz. Zuaz.

«¿Por qué no puedes hacer algo bien?». Zuaz, zuaz, zuaz.

Murió tal como vivió, sola.

¿Cuántas mujeres hay como Grace Llewellen Smith? ¿Cuántas personas morirán en la soledad en que viven? El vagabundo en Atlanta. El que anda de bar en bar en Los Ángeles. Una mujer que deambula en Miami. El predicador en Nashville. Cualquier persona que duda que el mundo la necesita. Cualquier persona convencida de que realmente a nadie le importa.

Cualquier persona que ha recibido un anillo, pero nunca un corazón, críticas pero nunca una oportunidad, una cama pero nunca un descanso.

Estas son las víctimas de la futilidad.

Y a menos que alguien intervenga, a menos que algo pase, el epitafio de Grace Smith será el tuyo.

Por eso la historia que estás a punto de leer es relevante. Es la historia de otra lápida. Sin embargo, esta no señala la muerte de una persona, sino su nacimiento.[1]

Entrecerró sus ojos por el sol del mediodía. Sus hombros se encorvaron bajo el peso del cántaro. Sus pies marchaban pesadamente, levantando polvo del camino. Mantiene su mirada baja para esquivar los ojos de los demás.

Es una samaritana. Conoce la punzada del racismo. Es mujer y se ha estrellado con el muro del sexismo. Ha estado casada con cinco hombres. Cinco. Cinco matrimonios diferentes. Cinco camas diferentes. Cinco rechazos diferentes. Está familiarizada con el sonido que hacen las puertas cuando las azotan.

Sabe lo que significa amar y no recibir amor a cambio. Su pareja actual ni siquiera le dará su apellido. Solo le da un lugar para dormir.

Si hay una Grace Llewellen Smith en el Nuevo Testamento, es esta mujer. El epitafio de insignificancia podría haber sido el suyo. Lo hubiera sido, de no ser por un encuentro con un extraño.

Ese preciso día vino al pozo por el mediodía. ¿Por qué no fue temprano en la mañana con las otras mujeres? Tal vez ya lo había hecho. Tal vez solo necesitaba un poco más de agua en un día caluroso. O tal vez no. Tal vez intentaba evitar encontrarse con las otras mujeres. Una caminata bajo el sol ardiente era un precio insignificante a cambio de librarse de sus lenguas mordaces.

«Ahí viene».

«¿Ya se enteraron? ¡Tiene un nuevo hombre!».

«Dicen que se acostaría con cualquiera».

«Chss. Ahí está».

Así que fue al pozo al mediodía. Esperaba soledad. En lugar de eso, encontró a uno que la conocía mejor que ella misma.

Estaba sentado en el suelo: piernas estiradas, manos cruzadas, la espalda recostada en el pozo. Tenía los ojos cerrados. Se detuvo y lo miró. Miró alrededor. No había nadie cerca. Volvió a mirarlo. Obviamente era judío. ¿Qué hace aquí? Él abrió sus ojos, y los de ella esquivaron la mirada, apenados. Se dispuso rápidamente a cumplir su tarea.

Al percibir su incomodidad, Jesús le pidió agua. Pero ella era demasiado espabilada para pensar que él solo quería agua. «¿Desde cuándo un sujeto de un barrio bueno como tú le pide agua a una chica como yo?». Lo que ella realmente quería saber era su intención. Su intuición tenía más o menos razón. A él le interesaba algo más que el agua. Le interesaba su corazón.

Hablaron. ¿Quién podía recordar la última vez que un hombre le habló con respeto?

Él le habló acerca de la fuente de agua que no solo apagaría la sed de la garganta sino la del alma.

Eso la intrigó. «Señor, dame esa agua, para que no tenga yo sed, ni venga aquí a sacarla».

«Ve, llama a tu marido y ven acá».

El alma debió caérsele a los pies. Ahí estaba, un judío al que no le importaba si ella era samaritana. Ahí estaba, un hombre que no la menospreció por ser mujer. Ahí estaba, lo más cerca a la dulzura que ella jamás había visto. Y ahora él le preguntaba acerca de... eso.

Precisamente eso. Tal vez pensó mentir. «Oh, mi esposo. Está trabajando». Tal vez quiso cambiar de tema. Tal vez deseó irse, pero se quedó. Y le dijo la verdad.

«No tengo marido». (La amabilidad tiene una manera de mover a la franqueza.)

Tal vez conozcas el resto de la historia. Yo desearía que no fuera así. Desearía que en este momento la oyeras por primera vez porque si así fuera, abrirías bien los ojos para ver qué haría Jesús después. ¿Por qué? Porque has deseado hacer lo mismo.

Has deseado quitarte la máscara. Has querido dejar de fingir. Te has preguntado qué haría Dios si tú abrieras la puerta cubierta de telarañas que esconde tu pecado oculto.

Esta mujer se preguntaba qué haría Jesús. Debió preguntarse si la bondad llegaría a su fin cuando se revelara la verdad. *Se enojará. Se irá. Pensará que soy despreciable.*

Si has sentido las mismas ansiedades, entonces saca tu lápiz. Desearás subrayar la respuesta de Jesús.

«Tienes razón. Has tenido cinco esposos, y el hombre con quien estás ahora ni siquiera te da un apellido».

¿Sin críticas? ¿Sin enojo? ¿Sin sermones de qué clase de desastre has hecho con tu vida?

No. Jesús no buscaba perfección, buscaba sinceridad.

La mujer quedó asombrada.

«Veo que eres un profeta». ¿Traducción? «Hay algo diferente en ti. ¿Te molestaría si te preguntara algo?».

Entonces formuló la pregunta que reveló el enorme agujero de su alma.

«¿Dónde está Dios? Mi pueblo dice que está en el monte. Tu pueblo dice que está en Jerusalén. Yo no sé dónde está».

Daría miles de atardeceres por ver la expresión en el rostro de Jesús cuando oyó esas palabras. ¿Se le aguaron los ojos? ¿Sonrió? ¿Miró a las nubes y le hizo un guiño a su padre? De todos los lugares para encontrar un corazón hambriento... ¿Samaria?

De todos los samaritanos que buscaban a Dios... ¿una mujer?

De todas las mujeres que tenían un apetito insaciable de Dios... ¿una divorciada cinco veces?

Y de todas las personas que podía elegir personalmente para revelar el secreto de los siglos... ¿una paria entre los parias? ¿La persona más insignificante de la región?

Extraordinario. Jesús no le reveló el secreto al rey Herodes. No pidió una audiencia ante el sanedrín para contar las noticias. No fue entre las columnas de una corte romana que anunció su identidad.

No. Fue junto a la sombra de un pozo en una tierra despreciada, a una mujer repudiada. Sus ojos debieron danzar cuando susurró el secreto.

«Soy el Mesías».

La frase más importante del capítulo puede pasarse por alto fácilmente. «Entonces la mujer dejó su cántaro, y fue a la ciudad, y dijo a los hombres: Venid, ved a un hombre que me ha dicho todo cuanto he hecho. ¿No será éste el Cristo?» (Juan 4.28–29).

No dejes pasar el drama del momento. Mira a sus ojos, abiertos de asombro. Escucha cómo lucha para encontrar las palabras. «¡E-e-e-eres e-e-el M-m-m-esías!». Observa cómo sale corriendo, echa un último vistazo a este Nazareno que se quedó sonriendo, se da vuelta, corre y tropieza con el fornido pecho de Pedro. Casi se cae, pero recupera el equilibrio y sale a toda prisa hacia su pueblo.

¿Viste lo que ella olvidó? Olvidó su cántaro. Dejó atrás el cántaro que había hundido sus hombros. Dejó atrás la carga que trajo.

De repente desapareció la vergüenza de los romances truncados. De repente la magnificencia del momento devoró la insignificancia de su vida. «¡Dios está aquí! ¡Dios ha venido! Dios se interesa... ¡por mí!».

Por eso olvidó el cántaro de agua. Por eso corrió a la ciudad. Por eso agarró a la primera persona que vio y le anunció su descubrimiento: «Acabo de hablar con un hombre que sabe todo lo que he hecho... ¡y aun así me ama!».

Los discípulos le ofrecieron comida a Jesús. Él no la aceptó, ¡estaba demasiado emocionado! Acababa de hacer lo que mejor hace. Tomar una vida a la deriva para darle dirección.

¡Se sentía eufórico!

«¡Miren!», anunció a sus discípulos, señalando a la mujer que corría hacia el pueblo. «¡Abran los ojos y miren los campos sembrados! Ya la cosecha está madura» (Juan 4.35, NVI).

¿Quién podría comer en un momento como ese?

Para algunos de ustedes la historia de las dos mujeres es conmovedora, pero lejana. Tú perteneces a algún lugar. Te necesitan y tú lo sabes. Tienes más amigos de los que puedes visitar y más tareas de las que puedes llevar a cabo.

En tu lápida no cincelarán «Insignificante».

Sé agradecido.

Pero algunos de ustedes son diferentes. Se detuvieron en el epitafio porque era el suyo. Vieron la cara de Grace Smith cuando se miraron al espejo. Saben por qué la mujer samaritana evadía a las personas. Ustedes hacen lo mismo.

Saben lo que es sentarse en la cafetería y no tener a alguien al lado. Se han preguntado cómo sería tener un buen amigo. Han amado, y se preguntan si vale la pena sufrir para amar otra vez.

Y ustedes también se han preguntado dónde anda Dios.

Tengo una amiga llamada Joy que enseña a niños desfavorecidos en una iglesia de una zona marginal. Su clase es un grupo muy animado de niños de nueve años que aman la vida y no tienen miedo de Dios. Sin embargo, hay una excepción, una tímida niña llamada Bárbara.

Su difícil vida en el hogar la había vuelto temerosa e insegura. Durante las semanas que mi amiga enseñó la clase, Bárbara nunca habló. Nunca. Mientras que los otros niños hablaban, ella se quedaba sentada. Mientras los otros cantaban, ella permanecía en silencio. Mientras los otros reían, ella estaba callada.

Siempre estaba presente. Siempre escuchaba. Siempre callada.

Hasta el día en que Joy enseñó acerca del cielo. Joy habló acerca de ver a Dios. Habló de ojos sin lágrimas y vidas sin muerte.

Bárbara estaba fascinada. No le despegaba la mirada a Joy. Escuchó con avidez. Entonces levantó su mano. «Señora Joy».

Joy quedó estupefacta. Bárbara nunca había hecho una pregunta. «Dime, Bárbara».

«¿El cielo es para niñas como yo?».

De nuevo daría mil atardeceres con tal de ver la cara de Jesús cuando esta diminuta oración llegó a su trono. Porque, en efecto, eso es lo que fue, una oración.

Una oración seria para que un Dios bueno en el cielo se acordara de un alma olvidada en la tierra. Una oración pidiendo que la gracia de Dios se filtrara en las grietas y cubriera una que se le escapó de las manos a la iglesia. Una oración para tomar una vida que nadie más podía usar y usarla como nadie más podría hacerlo.

No una oración desde un púlpito, sino una desde una cama en un sanatorio. No una oración confiada de un seminarista en túnica negra, sino la que susurra temeroso un alcohólico que empieza a recuperarse.

Una oración para que Dios haga lo que mejor hace: tomar lo ordinario y volverlo espectacular. Volver a tomar la vara y dividir el mar. Tomar una piedrecita y matar a Goliat. Tomar agua y convertirla en vino espumoso. Tomar el almuerzo de un niño campesino y alimentar a una multitud. Tomar barro y devolver la vista. Tomar tres clavos y un poste y convertirlos en la esperanza de la humanidad. Tomar una mujer marginada y convertirla en misionera.

Hay dos sepulcros en este capítulo. El primero está en el solitario cementerio de Locke Hill. La tumba de Grace Llewellen Smith. Ella no conoció el amor. No tuvo recompensas. Solo experimentó el dolor del cincel cuando esculpió este epitafio en su vida.

Duerme, mas no descansa.
Amó, pero no fue amada.

Trató de agradar, pero no agradó.
Murió tal como vivió, sola.

Sin embargo, ese no fue el único sepulcro en esta historia. El segundo está junto a un pozo. ¿La lápida? Un cántaro. Un cántaro olvidado. No tiene palabras, pero tiene un gran significado porque es la sepultura de la insignificancia.

· 8 ·

LA VOZ PROVENIENTE
DEL BALDE DE LIMPIAR

Estando persuadido de esto, que el que comenzó en
vosotros la buena obra, la perfeccionará hasta el día de
Jesucristo.

—FILIPENSES 1.6

El pasillo está en silencio, excepto por las ruedas del balde y los pies que va arrastrando el viejo. Ambos suenan cansados.

Ambos conocen estos pisos. ¿Cuántas noches los ha limpiado Hank? Siempre cuidando de limpiar los rincones. Siempre cuidadoso de colocar su letrero amarillo de advertencia debido a los pisos mojados. Siempre se ríe al hacerlo. «Cuidado todos», se ríe para adentro, sabiendo que no hay nadie cerca.

No a las tres de la mañana.

La salud de Hank ya no es la de antes. La gota siempre lo mantiene despierto. La artritis lo hace renguear. Sus gafas son tan gruesas que sus globos oculares aparentan ser el doble de su tamaño real. Sus hombros están caídos. Pero realiza su trabajo. Empapa el piso con agua jabonosa. Friega las marcas de los tacones que han dejado los abogados de paso firme. Acabará su tarea una hora antes de la hora de irse. Siempre finaliza temprano. Ha sido así durante veinte años.

Cuando acabe guardará su balde y se sentará afuera de la oficina del socio de mayor antigüedad y esperará. Nunca se va temprano. Podría hacerlo. Nadie lo sabría. Pero no lo hace.

Una vez quebrantó las reglas. Nunca más.

A veces, si la puerta está abierta, entra a la oficina. No por mucho tiempo. Solo para mirar. La oficina es más grande que su apartamento. Recorre el escritorio con su dedo. Acaricia el sofá de suave cuero. Se queda de pie ante la ventana y observa mientras el cielo gris se torna dorado. Y recuerda.

Una vez tuvo una oficina como esta.

Hace tiempo, cuando Hank era Henry. En aquel entonces el encargado de limpieza era un ejecutivo. Hace mucho tiempo. Antes del turno de noche. Antes del balde de limpiar. Antes del uniforme de mantenimiento. Antes del escándalo.

Hank ya no piensa mucho en el asunto. No hay razón para hacerlo. Se metió en dificultades, lo despidieron y se fue de allí. Eso es todo. No hay muchos que sepan del asunto. Mejor así. No hay necesidad de decirles nada al respecto.

Es su secreto.

La historia de Hank, dicho sea de paso, es real. Cambié el nombre y un detalle o dos. Le asigné un trabajo diferente y lo ubiqué en un siglo diferente. Pero la historia es verídica. La has escuchado. La conoces. Cuando te dé su verdadero nombre, te acordarás.

Pero más que una historia verdadera, es una historia común. Es una historia sobre un sueño descarrilado. Es una historia de una colisión entre esperanzas elevadas y duras realidades.

Les sucede a todos los soñadores. Y como todos hemos soñado, nos sucede a todos.

En el caso de Hank, se trataba de un error que nunca podría olvidar. Un grave error. Hank mató a alguien. Se encontró con un matón que golpeaba a un hombre inocente y Hank perdió el control. Asesinó al asaltante. Cuando se corrió la voz, Hank se fue.

Hank prefiere esconderse antes que ir a la cárcel. De modo que corrió. El ejecutivo se convirtió en un fugitivo.

Historia verídica. Historia común. La mayoría de las historias no llega al extremo de la de Hank. Pocos pasan sus vidas huyendo de la ley. Muchos, sin embargo, viven con remordimientos.

«Me ofrecieron una beca en la universidad por jugar golf», me dijo un hombre la semana pasada en el punto de salida del cuarto hoyo. «Me hicieron esta oferta apenas salí de la secundaria. Pero me uní a una banda de rock-and-roll. Al final nunca fui. Ahora estoy atrapado, reparando puertas de garaje».

«Ahora estoy atrapado». Epitafio de un sueño descarrilado.

Toma un anuario de la escuela secundaria y lee la frase «Lo que quiero hacer» debajo de cada retrato. Te marearás al respirar el aire enrarecido de las visiones de cumbres de montañas:

«Estudiar en una universidad de renombre».

«Escribir libros y vivir en Suiza».

«Ser médico en un país del Tercer Mundo».

«Enseñar a niños en barrios pobres».

Sin embargo, lleva el anuario a una reunión de ex compañeros luego de veinte años de graduados y lee el siguiente capítulo. Algunos sueños se convirtieron en realidad, pero muchos no. Entiende que no es que todos deban concretarse. Espero que ese pequeñito que soñaba con ser un luchador de sumo haya recuperado su sentido común. Y espero que no haya perdido su pasión durante el proceso. Cambiar de dirección en la vida no es trágico. Perder la pasión sí lo es.

Algo nos sucede en el trayecto. Las convicciones de cambiar el mundo se van degradando hasta convertirse en compromisos de pagar las cuentas. En lugar de lograr un cambio, logramos un salario. En lugar de mirar hacia adelante, miramos hacia atrás. En lugar de mirar hacia afuera, miramos hacia adentro.

Y no nos agrada lo que vemos.

A Hank no le gustaba. Hank veía a un hombre que se había conformado con la mediocridad. Se había educado en las instituciones de mayor excelencia del mundo, sin embargo, trabajaba en el turno nocturno, por un salario mínimo, para que no lo vieran de día.

Pero todo eso cambió cuando escuchó la voz que provenía del balde. (¿Mencioné que esta historia es verídica?)

Al principio pensó que la voz era una broma. Algunos de los hombres del tercer piso hacen trucos de este tipo.

—Henry, Henry —llamaba la voz.

Hank giró. Ya nadie le decía Henry.

—Henry, Henry.

Giró hacia el balde. Resplandecía. Rojo brillante. Rojo ardiente. Podía percibir el calor a dos metros de distancia. Se acercó y miró hacia adentro. El agua no hervía.

—Esto es extraño —murmuró Hank al acercarse un paso más para poder ver con mayor claridad. Pero la voz lo detuvo.

—No te acerques más. Quítate el calzado. Estás parado sobre una baldosa santa.

De repente Hank supo quién hablaba.

—¿Dios?

No estoy inventando esto. Sé que piensas que sí lo hago. Suena alocado. Casi irreverente. ¿Dios hablando desde un balde caliente a un conserje de nombre Hank? ¿Sería creíble si dijese que Dios le hablaba desde una zarza ardiente a un pastor llamado Moisés?

Tal vez esa versión sea más fácil de analizar... porque la has escuchado antes. Pero el simple hecho de que sea Moisés y una zarza en lugar de Hank y un balde no hace que sea menos espectacular.

Casi seguro que a Moisés se le cayeron las sandalias por causa de la emoción. Nos preguntamos qué sorprendió más al anciano: que Dios le hablase desde una zarza o el simple hecho de que Dios le hablase.

Moisés, al igual que Hank, había cometido un error.

¿Recuerdas su historia? De la nobleza por adopción. Un israelita criado en un palacio egipcio. Sus compatriotas eran esclavos, pero Moisés era privilegiado. Comía a la mesa real. Fue educado en las escuelas más refinadas.

Pero la maestra que más influyó no tenía título alguno. Era su madre. Una judía que contrataron para ser su nodriza. «Moisés», casi puedes escuchar cómo le susurra a su joven hijo, «Dios te colocó aquí a propósito. Algún día librarás a tu pueblo. Nunca lo olvides, Moisés. Nunca lo olvides».

Moisés no lo hizo. La llama de la justicia se hizo más caliente hasta arder. Moisés vio a un egipcio golpeando a un esclavo hebreo. Del mismo modo que Hank mató al asaltante, Moisés asesinó al egipcio.

Al día siguiente Moisés vio al hebreo. Pensarías que el esclavo le daría las gracias. No lo hizo. En lugar de mostrar gratitud, expresó enojo. «¿Piensas matarme como mataste al egipcio?», le preguntó (véase Éxodo 2.14).

Moisés supo que estaba en dificultades. Huyó de Egipto y se ocultó en el desierto. Llámalo un cambio de carrera. Pasó de cenar con los dirigentes de estado a contar cabezas de ovejas.

No puede decirse que escalara una posición.

Y así fue que un hebreo brillante y prometedor comenzó a cuidar ovejas en las colinas. Del círculo más refinado al cultivo de algodón. De la oficina oval al taxi. De mecer el palo de golf a cavar una zanja.

Moisés pensó que el cambio era permanente. No existe evidencia de que jamás albergara la intención de regresar a Egipto. Es más, todo parece indicar que deseaba permanecer con sus ovejas. De pie, descalzo ante la zarza, confesó: «¿Quién soy yo para que vaya a Faraón, y saque de Egipto a los hijos de Israel?» (Éxodo 3.11).

Me alegra que Moisés haya hecho esa pregunta. Es una buena pregunta. ¿Por qué Moisés? O, más específicamente, ¿por qué el Moisés de ochenta años?

La versión de cuarenta años era más atractiva. El Moisés que vimos en Egipto era más temerario y seguro. Pero el que encontramos cuatro décadas más tarde era reacio y curtido.

Si tú o yo hubiésemos visto a Moisés allá en Egipto, habríamos dicho: «Este hombre está listo para la batalla». Lo educaron en el sistema más refinado del mundo. Lo entrenaron los soldados más hábiles. Contaba con acceso instantáneo al círculo íntimo del Faraón. Moisés hablaba su idioma y conocía sus costumbres. Era el hombre perfecto para la tarea.

Nos gusta Moisés a los cuarenta años. ¿Pero Moisés a los ochenta? De ninguna manera. Demasiado viejo. Demasiado cansado. Huele a pastor. Habla como extranjero. ¿Qué impacto causaría al Faraón? No es el hombre indicado para la tarea.

Y Moisés habría estado de acuerdo. «Ya lo intenté antes», diría él. «Ese pueblo no quiere ayuda. Solo déjame aquí para cuidar de mis ovejas. Son más fáciles de guiar».

Moisés no habría ido. Tú no lo habrías enviado. Yo no lo habría enviado.

Pero Dios sí lo hizo. ¿Cómo se entiende esto? En el banco de los suplentes a los cuarenta y listo para jugar a los ochenta. ¿Por qué? ¿Qué sabe ahora que en aquel entonces desconocía? ¿Qué aprendió en el desierto que no aprendió en Egipto?

Para empezar, la vida en el desierto. El Moisés de cuarenta años era un niño de la ciudad. El octogenario conoce el nombre de cada serpiente y la ubicación de cada pozo de agua. Si debe conducir a miles de hebreos en el desierto, será mejor que conozca lo básico de la vida en el desierto.

Otro asunto es la dinámica de la familia. Si debe viajar con familias durante cuarenta años, es posible que le sea de ayuda comprender cómo actúan. Contrae matrimonio con una mujer de fe, la hija de un sacerdote madianita, y establece su familia.

Pero aun más importante que la vida en el desierto y la gente, Moisés necesita aprender algo acerca de sí mismo.

Al parecer, ya lo ha aprendido. Dios dice que Moisés está listo.

Y para convencerlo, le habla a través de un arbusto. (Era necesario que hiciese algo dramático para captar la atención de Moisés.)

«Se acabaron las clases», le dice Dios. «Ha llegado el momento de ponerse a trabajar». Pobre Moisés. Ni siquiera sabía que estaba matriculado.

Pero sí lo estaba. Y... adivina qué. También lo estás tú. La voz de la zarza es la voz que te susurra. Te recuerda que Dios aún no ha acabado contigo. Claro, es posible que pienses que sí ha acabado. Tal vez pienses que ya estás en descenso. Quizás pienses que hay otro que puede realizar la tarea.

Si eso es lo que piensas, reconsidera.

«El que comenzó en vosotros la buena obra, la perfeccionará hasta el día de Jesucristo» (Filipenses 1.6).

¿Viste lo que hace Dios? *Una buena obra en ti.*

¿Viste cuando la acabará? *Cuando regrese Jesús.*

¿Me permites deletrear el mensaje? *Dios aún no ha terminado su obra en ti.*

Tu Padre quiere que sepas eso. Y para convencerte, es posible que te sorprenda. Quizás te hable a través de un balde, o más extraño aun, tal vez te hable por medio de este libro.

· 9 ·

CULPABILIDAD O GRACIA

Estad, pues, firmes en la libertad con que Cristo nos hizo libres.

—GÁLATAS 5.1

Hay una vieja historia acerca del emperador Federico el Grande cuando visitó la prisión de Postdam. Habló con los prisioneros y cada uno afirmó ser inocente, una víctima del sistema. Un preso, sin embargo, se mantuvo sentado en un rincón sin decir palabra.

El gobernante le preguntó: «Y usted, ¿a quién culpa por su sentencia?».

La respuesta fue: «Su majestad, soy culpable y merezco con creces mi castigo». Sorprendido, el Emperador llamó a la guardia. «Saquen a este hombre de aquí antes que corrompa a todos estos inocentes».[1]

El gobernante puede dejarnos libres una vez que admitamos que nos hemos equivocado.

No nos hacemos ningún favor justificando nuestros hechos o minimizando nuestros pecados. Hace algún tiempo mi hija Andrea se clavó una astilla en un dedo. La llevé al baño y me equipé con unas pinzas, ungüento y una bandita adhesiva.

A ella no le gustó para nada lo que vio: «Papi, solo quiero la bandita adhesiva».

A veces nosotros somos como Andrea. Venimos a Cristo con nuestro pecado, pero todo lo que queremos es taparlo. Queremos evitar el tratamiento. Queremos esconder nuestro pecado. Y uno se pregunta si Dios, en su gran misericordia, sanará lo que ocultamos. «Si decimos que no tenemos pecado, nos engañamos a nosotros mismos, y la verdad no está en nosotros. Si confesamos nuestros pecados, él es fiel y justo para perdonar nuestros pecados, y limpiarnos de toda maldad» (1 Juan 1.8–9).

Ir a Dios no es como ir a Papá Noel. La niña se sienta en sus rodillas y él, cogiéndole una mejilla, le pregunta: «¿Has sido una niña buena?».

«¡Sí!», ríe ella. Luego le dice lo que quiere y se baja saltando. Es un juego. Una niñería. Nadie toma en serio la pregunta de Papá Noel. Eso está bien para una tienda por departamentos, pero las cosas con Dios no son así.

¿Cómo puede Dios curar lo que negamos? ¿Cómo puede Dios tocar lo que ocultamos? ¿Cómo podemos tener comunión si guardamos secretos? ¿Cómo puede Dios concedernos el perdón cuando no admitimos nuestra culpabilidad?

Ah, ahí está esa palabrita: culpable. ¿No es eso lo que tratamos de evitar? La culpa. ¿No es eso lo que detestamos? Pero, ¿es tan malo ser culpable? Lo que implica ser culpable no es saber la diferencia entre lo bueno y lo malo, aspirar a ser mejor de lo que somos, ni saber que hay un nivel alto y que estamos en el nivel bajo. Esto es ser culpable: sentir un fuerte remordimiento por decirle a Dios una cosa y hacer otra.

Culpabilidad es el nervio final del corazón. Lo que de un tirón nos hace retroceder cuando estamos demasiado cerca al fuego. La tristeza piadosa «produce el arrepentimiento que lleva a la salvación, de la cual no hay que arrepentirse» (2 Corintios 7.10, NVI).

Sentirse culpable no es una tragedia; no sentirse culpable sí lo es.

· 10 ·

EL REGALO DE LA HORA UNDÉCIMA

Llevaban también con él a otros dos, que eran malhechores, para ser muertos. Y cuando llegaron al lugar llamado de la Calavera, le crucificaron allí, y a los malhechores, uno a la derecha y otro a la izquierda.

Y Jesús decía: Padre, perdónalos, porque no saben lo que hacen. Y repartieron entre sí sus vestidos, echando suertes. Y el pueblo estaba mirando; y aun los gobernantes se burlaban de él, diciendo: A otros salvó; sálvese a sí mismo, si éste es el Cristo, el escogido de Dios. Los soldados también le escarnecían, acercándose y presentándole vinagre, y diciendo: Si tú eres el Rey de los judíos, sálvate a ti mismo.

Había también sobre él un título escrito con letras griegas, latinas y hebreas: ESTE ES EL REY DE LOS

JUDÍOS. Y uno de los malhechores que estaban colgados le injuriaba, diciendo: Si tú eres el Cristo, sálvate a ti mismo y a nosotros.

Respondiendo el otro, le reprendió, diciendo: ¿Ni aun temes tú a Dios, estando en la misma condenación? Nosotros, a la verdad, justamente padecemos, porque recibimos lo que merecieron nuestros hechos; mas éste ningún mal hizo.

Y dijo a Jesús: Acuérdate de mí cuando vengas en tu reino.

Entonces Jesús le dijo: De cierto te digo que hoy estarás conmigo en el paraíso.

—LUCAS 23.32-43

Los educados. Los poderosos. Los marginados. Los enfermos. Los solitarios. Los ricos. ¿Quién hubiera podido reunir semejante grupo? Lo único que tenían en común eran sus baúles de esperanza que desde hacía mucho los charlatanes y oportunistas ya habían vaciado. Aunque no tenían nada para ofrecer, lo pedían todo: un nuevo nacimiento, una segunda oportunidad, un nuevo comienzo, una conciencia limpia. Y fueron concedidas sus peticiones, sin excepción.

Y ahora, otro mendigo venía con una petición. A solo minutos de la muerte de ambos se presenta delante del Rey. Pedirá migajas. Y, al igual que los demás, recibirá una hogaza de pan completa.

El monte de la calavera, pétreo y azotado por el viento. El ladrón, demacrado y pálido.

Las bisagras de la puerta de la muerte crujen a punto de cerrar su vida.

Su situación es lamentable. Desciende el último peldaño de la escalera en espiral de sus fracasos. Un crimen tras otro. Un rechazo tras otro. Ha caído más y más bajo hasta tocar fondo, una viga transversal y tres clavos.

No puede ocultar su identidad. Su único vestido es el manto de su desgracia. Sin jerga sofisticada. Sin un currículo notable. Sin medallas de escuela dominical. Solo una desnuda historia de fracaso.

Mira a Jesús.

Antes se había burlado del hombre. Cuando la multitud manifestaba a una sus críticas, él hizo su parte (Mateo 27.44). Pero ahora no se burla de Jesús. Lo examina. Empieza a preguntarse quién puede ser este hombre.

Qué extraño. Él no resiste los clavos, casi los invita.

Oye las burlas y los insultos, y observa que el hombre permanece callado. Ve la sangre fresca en las mejillas de Jesús, la corona de espinas que araña su cabeza, y oye el ronco susurro: «Padre, perdónalos».

¿Por qué lo quieren muerto?

Poco a poco la curiosidad del ladrón contrarresta el dolor en su cuerpo. Durante un momento olvida los clavos que raen los huesos expuestos de sus muñecas y los calambres en sus pantorrillas.

Empieza a sentir una cierta afabilidad en su corazón: empieza a importarle, empieza a preocuparse por este pacífico mártir.

No hay ira en sus ojos, solo lágrimas.

Observa el corrillo de soldados que lanzan dados en la tierra, apostando por un manto andrajoso. Mira la señal sobre la cabeza de Jesús. Está pintada con sarcasmo: Rey de los judíos.

Se mofan de él como un rey. Si estuviera loco, lo ignorarían. Si no tuviera seguidores, lo dejarían. Si no fuera alguien a quién temer, no lo matarían. Solo se mata a un rey si tiene un reino.

Será posible...

Sus labios agrietados se abren para hablar.

Entonces, de repente, sus pensamientos estallan por las acusaciones del criminal en la otra cruz. Él también ha examinado a Jesús, pero a través de los lentes borrosos del cinismo.

«Si tú eres el Cristo, sálvate a ti mismo y a nosotros» (Lucas 23.39).

Es un dilema inexplicable: cómo dos personas pueden oír las mismas palabras y ver al mismo Salvador, y mientras uno ve esperanza, el otro no ve nada aparte de sí mismo.

Hasta ahí soportó el primer criminal. Tal vez el malhechor que lanzó la pulla esperaba que el otro malhechor le siguiera y lanzara sus propios dardos. Pero no lo hizo. No resonó un segundo verso. Lo que sí oyó el criminal de lengua amarga fueron palabras de defensa.

«¿Acaso no temes a Dios?».

Solo unos minutos antes esos mismos labios maldijeron a Jesús. Ahora lo defendían. Todas las cabezas sobre el monte se alzaron para mirar a este que habló a favor del Cristo. Cada ángel llora y cada demonio mira boquiabierto.

¿Quién hubiera podido imaginar a este ladrón pensando en alguien más aparte de sí mismo? Siempre había sido el bravucón, el mocoso ladrón de carteras. ¿Quién podía recordar la última vez que acudió a ayudar a alguien? Pero a medida que los últimos granos de arena caen en su reloj de arena, lleva a cabo el acto más noble del hombre. Habla a favor de Dios.

¿Dónde están aquellos que debían defender a Jesús?

Un Pedro mucho más espiritual lo abandonó.

Un Pilato mucho más educado se lavó sus manos para zafarse de él.

Una turba de compatriotas mucho más leales exigió su muerte.

Una banda de discípulos mucho más fieles se dispersó.

Cuando parece que todos le han dado la espalda, un bandido se interpone entre Jesús y los acusadores, y habla a su favor.

«¿Ni aun temes tú a Dios, estando en la misma condenación? Nosotros, a la verdad, justamente padecemos, porque recibimos lo que merecieron nuestros hechos; mas éste ningún mal hizo» (Lucas 23.40).

Los soldados miraron hacia arriba. Los sacerdotes dejaron de conversar. María enjuga sus lágrimas y levanta su mirada. Nadie se había percatado del sujeto, pero ahora todos lo miran.

Tal vez hasta Jesús lo mira. Tal vez se vuelve para ver a aquel que habló cuando todos los demás se quedaron callados. Tal vez se esfuerza para enfocar sus ojos en aquel que ofreció este último gesto de amor que recibiría en vida. Me pregunto, ¿sonrió cuando esta oveja rezagada entró al redil?

Porque eso es, precisamente, lo que hace el criminal. Llega dando traspiés al lugar seguro a punto de cerrarse la puerta. Implícitos en la declaración del ladrón están los dos hechos que todos necesitamos reconocer a fin de venir a Jesús. Mira de nuevo la frase. ¿Los ves?

«Padecemos, porque recibimos lo que merecieron nuestros hechos; mas éste ningún mal hizo» (Lucas 23.41).

Somos culpables y él es inocente.

Somos inmundos y él es puro.

Somos injustos y él es justo.

Él no está en esa cruz por sus pecados. Está ahí por los nuestros.

Y tan pronto el bandido lo comprende, su petición parece apenas natural. Miró a los ojos de su última esperanza e hizo la misma petición que todo cristiano ha hecho.

«Acuérdate de mí cuando vengas en tu reino» (Lucas 23.42).

Sin homilías con vitrales. Sin excusas. Solo un clamor desesperado en busca de ayuda.

En este punto Jesús lleva a cabo el milagro más grande de la cruz. Más grande que el terremoto. Más grande que el velo del templo rasgado. Más grande que las tinieblas. Más grande que los santos resucitados que aparecen en las calles.

Lleva a cabo el milagro del perdón. Un Salvador manchado de sangre recibe a un criminal sumergido en el pecado.

«De cierto te digo que hoy estarás conmigo en el paraíso» (Lucas 23.43).

Vaya. Hacía tan solo unos segundos el ladrón era un mendigo que extendía tímidamente su sombrero en la puerta del castillo, preguntándose si al Rey le quedaban unas pocas migajas. De golpe tiene en sus manos la despensa completa.

Tal es la definición de gracia.

· II ·

PERSONAS
IMPERFECTAS

*Venid a mí todos los que estáis trabajados y cargados, y
yo os haré descansar. Llevad mi yugo sobre vosotros, y
aprended de mí, que soy manso y humilde de corazón; y
hallaréis descanso para vuestras almas; porque mi yugo
es fácil, y ligera mi carga.*

—MATEO 11.28-30

La mujer se deja caer en la banca y pone su bolsa de basura entre los pies. Con los codos sobre las rodillas y las mejillas entre las manos mira fijamente la acera. Todo duele: espalda, piernas, cuello. El hombro está entumecido y las manos frías y húmedas. Todo debido a la bolsa.

Ah, cómo librarse de esta basura.

Nubes ininterrumpidas forman un cielo gris, encanecido por mil tristezas. Edificios manchados de hollín proyectan sombras alargadas que oscurecen los pasillos y las personas en ellos. La llovizna enfría el aire y llena de barro los riachuelos en las alcantarillas. La mujer recoge su chaqueta. Un auto de pasajeros empapa la bolsa y le salpica los *jeans*. Ella no se mueve. Está demasiado cansada.

Los recuerdos de la vida sin basura son borrosos. ¿Quizá de niña? Su espalda estaba más recta, sus pasos eran más rápidos... ¿o fue un sueño? No estaba segura.

Un segundo auto. Este se detiene y se estaciona. Un hombre baja. Ella le observa los zapatos que se hunden en la nieve medio derretida. Él saca del auto una bolsa de basura llena de grumos por los desperdicios. La coloca en el hombro y maldice el peso.

Ninguno de los dos habla. Quién sabe si él la notó. El rostro de él parece joven, más joven que su espalda encorvada. Al poco tiempo se va. La mirada de la mujer vuelve al pavimento.

Ella nunca mira su basura. Lo hacía al principio, pero lo que vio la repelía. Por tanto, desde entonces mantiene cerrada la bolsa.

¿Qué más puede hacer? ¿Dársela a alguien? Todos tienen la suya.

Se acerca una madre joven. Con una mano guía a un niño, con la otra arrastra su carga, repleta y pesada.

Se acerca un viejo, el rostro surcado de arrugas. Su bolsa de basura es tan grande que le golpea la espalda y los pies al caminar. Él mira a la mujer e intenta sonreír.

Cuando el viejo pasa, la mujer se pregunta: *¿Qué peso estará él cargando?*

—Pesares.

La mujer se vuelve para ver quién habló. A su lado en la banca se sienta un hombre. Alto, de mejillas angulosas y ojos brillantes y amables. Los *jeans* de él, como los de ella, están manchados de lodo. A diferencia de los de ella, los hombros de él están rectos. Él usa una camiseta y una gorra de béisbol. Con la mirada ella busca la basura de él, pero no la ve.

El hombre observa al viejo que desaparece.

—Cuando era un padre joven trabajó muchas horas y descuidó a su familia —explicó—. Sus hijos no lo quieren. Su bolsa está llena, llena de pesares.

Ella no responde. Y como no responde, él sí.

—¿Y la tuya?

—¿La mía? —pregunta mirándolo.

—Vergüenza —la voz del hombre es suave y compasiva.

Ella aún no habla, pero tampoco se vuelve.

—Muchas horas en los brazos equivocados. El año pasado. Anoche... vergüenza.

Ella se pone tensa, envalentonándose contra el menosprecio que ha aprendido a esperar. Como si necesitara más vergüenza. Hacerlo callar. Pero, ¿cómo? Ella espera el juicio de él.

Pero no llega. La voz del hombre es cálida y su pregunta sincera.

—¿Me entregarás tu basura?

La mujer echa para atrás la cabeza. *¿Qué querrá decir?*

—Dámela mañana, en el vertedero de basura. ¿La llevarás?

Él quita con el pulgar una mancha de barro en la mejilla de ella, y se pone de pie.

—El viernes. En el vertedero.

Ella siguió sentada mucho después que él se fuera, recordando la escena, volviendo a tocarse la mejilla. La voz de él no desaparece, su invitación se mantiene. Ella intenta desechar sus palabras, pero no puede. ¿Cómo podía él saber lo que sabía? ¿Y cómo podía saberlo y aún seguir siendo tan amable? El recuerdo se asienta en el sofá de su alma, un huésped no invitado, pero bienvenido.

Al dormir esa noche la mujer tiene sueños veraniegos. Una jovencita bajo cielos azules y nubes ligeras, jugando con flores silvestres, la falda revolotea. Sueña que corre con manos muy abiertas, rozando copas de girasoles. Sueña con personas felices que inundan un prado con risas y esperanzas.

Sin embargo, cuando despierta, el cielo está oscuro, las nubes hinchadas y las calles ensombrecidas. Al pie de su cama yace su bolsa de basura. La levanta sobre el hombro y sale del apartamento, baja las escaleras y camina por la calle, todavía cubierta de nieve medio derretida.

Es viernes.

Durante un momento se queda pensativa. Primero se pregunta qué quiso decir él, luego, si en realidad él quería decir eso. Ella suspira. Con esperanza que apenas compensa la desesperanza, se vuelve hacia las afueras del pueblo. Otros caminan en la misma dirección. El hombre a su lado huele a alcohol. Ha dormido muchas noches con la ropa puesta. Una adolescente camina algunos metros más adelante. La mujer de vergüenza se apresura a alcanzarla. La chica responde antes de que se haga la pregunta:

—Furia. Furia con mi padre. Furia con mi madre. Estoy cansada de la ira. Él dijo que se la llevaría.

Ella señala la bolsa.

—Se la entregaré.

La mujer asiente con la cabeza, y las dos caminan juntas.

El vertedero está lleno de basura: papeles, escobas rotas, camas viejas y autos oxidados. Cuando llegan a la colina, la fila hasta la cima es larga. Cientos caminan delante de ellas. Todos esperan en silencio, sorprendidos por lo que oyen: un grito, un bramido atravesado de dolor que durante unos momentos hace eco, interrumpido solo por un gemido. Luego, de nuevo el grito.

El grito de él.

A medida que se acercan, comprenden el motivo. Él se arrodilla ante cada uno, señalándole la bolsa, ofreciendo un ruego, luego una oración.

—¿Puedo tomarla? Y tal vez nunca la vuelvas a sentir.

Entonces inclina la cabeza y levanta la bolsa, vaciando su contenido en sí mismo. El egoísmo del glotón, la amargura del iracundo, la actitud posesiva del inseguro. Él siente lo que ellos sienten. Es como si hubiera mentido, engañado o insultado a su Hacedor.

Cuando le llega el turno, la mujer hace una pausa. Vacila. Los ojos del hombre la obligan a seguir adelante. Él alcanza la bolsa de ella y la toma.

—No puedes vivir con esto —explica—. No fuiste hecha para eso.

Con la cabeza inclinada, él vacía la vergüenza de ella sobre sus hombros. Después mira hacia el cielo con los ojos llenos de lágrimas.

—¡Lo siento! —grita.

—Pero no hiciste nada —clama la mujer.

Sin embargo, él solloza como centenares de noches ella ha sollozado en su almohada. Es entonces cuando ella comprende que el grito de él es el suyo. La vergüenza de ella es ahora la de él.

La mujer toca con su pulgar la mejilla de él y por primera vez durante una larga noche no tiene basura que cargar.

Ella permanece con los demás en la base de la colina, y observa cuando a él lo entierran bajo un montón de miseria. Gime durante algún tiempo, luego nada. Solo silencio.

Las personas se sientan entre los autos destrozados, papeles y estufas desechadas, y se preguntan quién es este hombre y qué ha hecho. Se detienen, como dolientes en un velorio. Algunos cuentan historias. Otros no dicen nada. Todos lanzan miradas ocasionales al vertedero de basura. Se siente extraño holgazanear cerca del montón. Pero se siente aun más extraño pensar en salir de allí.

Por lo tanto, se quedan. Durante la noche y al día siguiente. La oscuridad vuelve de nuevo. Un parentesco los une, un parentesco a través del hombre de la basura. Algunos dormitan. Otros hacen fogatas en los basureros metálicos y hablan de la repentina abundancia de estrellas en el firmamento nocturno. Cuando llega la mañana, casi todos están dormidos.

Casi se pierden el momento. Es la jovencita quien lo ve. La chica que tenía furia. Al principio ella no confía en sus ojos, pero cuando mira de nuevo, comprende.

—Él está de pie —las palabras de ella son suaves, y no están dirigidas a nadie.

—Él está de pie —luego en voz alta, para su amiga que tenía vergüenza.

—Él está de pie —más fuerte para todos.

Ella se da vuelta. Todos lo hacen. Lo ven perfilarse contra un sol dorado.

De pie. En verdad.

... PARA EL
ORGULLOSO

Humillaos delante del Señor, y él os exaltará.

—Santiago 4.10

· 12 ·

EL REINO DEL
ABSURDO

Aunque yo tengo también de qué confiar en la carne. Si alguno piensa que tiene de qué confiar en la carne, yo más: circuncidado al octavo día, del linaje de Israel, de la tribu de Benjamín, hebreo de hebreos; en cuanto a la ley, fariseo; en cuanto a celo, perseguidor de la iglesia; en cuanto a la justicia que es en la ley, irreprensible. Pero cuantas cosas eran para mí ganancia, las he estimado como pérdida por amor de Cristo. Y ciertamente, aun estimo todas las cosas como pérdida por la excelencia del conocimiento de Cristo Jesús, mi Señor, por amor del cual lo he perdido todo, y lo tengo por basura, para ganar a Cristo.

—FILIPENSES 3.4–8

«Mi poder se muestra plenamente en la debilidad» (2 Corintios 12.9, DHH).

Dios dijo esas palabras. Pablo las escribió. Dios dijo que prefería buscar vasijas vacías que músculos fuertes. Pablo lo probó.

Antes de encontrarse con Cristo, Pablo había sido una especie de héroe entre los fariseos. Podría decirse que era una especie de Wyatt Earp. Mantenía la ley y el orden... o, mejor dicho, reverenciaba la ley y daba las órdenes. Las madres judías lo ponían como ejemplo de un buen muchacho judío. Le concedieron el sitio de honor en el almuerzo del miércoles del Club de Leones de Jerusalén. Sobre su escritorio había un pisapapeles: «Quién es quién en judaísmo», y sus compañeros graduandos lo eligieron «La persona con más probabilidad de alcanzar éxito». Rápidamente se estaba estableciendo como el heredero forzoso de su maestro Gamaliel.

Si hay tal cosa como una fortuna religiosa, Pablo la tenía. Era un billonario espiritual, nacido con un pie en el cielo, y él lo sabía:

> Si cualquier otro cree tener motivos para confiar en esfuerzos humanos, yo más: circuncidado al octavo día, del pueblo de Israel, de la tribu de Benjamín, hebreo de pura cepa; en cuanto a la interpretación de la ley, fariseo; en cuanto al celo, perseguidor de la iglesia; en cuanto a la justicia que la ley exige, intachable. (Filipenses 3.4–6, NVI)

De sangre azul y ojos salvajes, este joven celote estaba decidido a mantener la pureza del reino, y eso significaba mantener fuera a los cristianos. Marchaba por las campiñas como un general, exigiendo que los judíos apartados saludasen la bandera de la madre patria o que dieran un beso de despedida a sus familias y a sus esperanzas.

Sin embargo, todo esto se detuvo en la orilla de una carretera. Armado de citaciones, esposas y una comitiva, Pablo iba rumbo a Damasco en camino a hacer un poco de evangelismo personal. Fue entonces que alguien prendió de golpe las luces del estadio, y oyó la voz.

Cuando descubrió de quién era la voz, su mandíbula golpeó contra el suelo, seguida de su cuerpo. Se preparó para lo peor. Sabía que todo había acabado. Sintió la soga al cuello. Olía las flores del carro fúnebre. Rogaba que la muerte fuese rápida e indolora.

Pero lo único que recibió fue silencio y la primera sorpresa de una vida que estará llena de sorpresas.

Acabó desorientado y confuso en un dormitorio prestado. Dios lo dejó allí durante unos días con los ojos cubiertos de escamas tan gruesas que solo podía mirar a su interior. Y no le agradó lo que vio.

Se vio tal cual era, según sus propias palabras, el peor de los pecadores (1 Timoteo 1.15). Un legalista. Un aguafiestas. Un fanfarrón que declaraba haber dominado el código de Dios. Un justiciero que pesaba la salvación en una balanza de platillos.

Fue entonces que lo encontró Ananías. No tenía mucho que ver, desfigurado y vacilante al cabo de tres días de agitación. El aspecto de Sarai tampoco decía mucho, ni el de Pedro. Pero lo que tienen en común los tres dice más que un volumen de teología sistemática. Porque cuando ellos se rindieron, Dios entró en escena, y el resultado fue un viaje en montaña rusa directamente al reino.

Pablo adelantaba por un paso al joven dirigente rico. Sabía que no debía negociar con Dios. No presentó excusa alguna, solo suplicó misericordia. A solas, en la habitación, con sus pecados en su conciencia y sangre en sus manos, pidió ser limpio.

Vale la pena leer las instrucciones de Ananías a Pablo: «¿Por qué te detienes? Levántate y bautízate, y lava tus pecados, invocando su nombre» (Hechos 22.16).

No hizo falta que se lo dijesen dos veces. Saulo el legalista fue enterrado, y nació Pablo el libertador. Después de eso nunca volvió a ser el mismo. Tampoco el mundo lo fue.

Sermones conmovedores, discípulos consagrados y nueve mil kilómetros de camino. Si sus sandalias no sonaban, su pluma estaba escribiendo. Si no estaba explicando el misterio de la gracia, estaba articulando la teología que llegaría a determinar el curso de la civilización occidental.

Todas sus palabras podrían resumirse en una frase: «Predicamos a Cristo crucificado» (1 Corintios 1.23). No es que no contara con otros bosquejos de sermones, lo que pasa es que no podía agotar el primero.

Lo absurdo de todo el asunto era lo que lo incentivaba a seguir. Jesús debió terminarlo en el camino. Debió dejarlo para los buitres. Debió enviarlo al infierno. Pero no lo hizo. Lo envió a los perdidos.

Pablo mismo lo calificaba de loco. Lo describía con expresiones tales como: «tropezadero» y «necedad», pero al final escogió llamarlo «gracia» (1 Corintios 1.23; Efesios 2.8).

Y defendió su lealtad inquebrantable diciendo: «El amor de Cristo nos constriñe» (2 Corintios 5.14).

Pablo nunca hizo un curso de misiones. Nunca participó de una reunión de comité. Nunca leyó un libro sobre iglecrecimiento. Solo lo inspiraba el Espíritu Santo y estaba ebrio del amor que convierte en posible lo que es imposible: salvación.

El mensaje es cautivante: Muestre a un hombre sus fracasos sin Jesús, y el resultado se puede hallar en la alcantarilla a la vera del camino. Dele religión sin recordarle su suciedad, y el resultado será arrogancia vestida en un traje de tres piezas. Pero reúna a los dos en un mismo corazón —logre que el pecado se encuentre con el Salvador y el Salvador con el pecado— y el resultado bien podría ser otro fariseo convertido en predicador que enciende al mundo.

· 13 ·

VESTIDO SOLO CON SU JUSTICIA

Pues todos sois hijos de Dios por la fe en Cristo Jesús; porque todos los que habéis sido bautizados en Cristo, de Cristo estáis revestidos.

—GÁLATAS 3.26-27

Durante años tuve un elegante traje con saco, pantalón y hasta sombrero. Me consideraba bien elegante cuando me lo ponía y confiaba en que otros estuvieran de acuerdo conmigo.

Los pantalones estaban hechos de la tela de mis buenas obras, fuerte tejido de obras hechas y proyectos acabados. Algunos estudios por aquí, algunos sermones por allá. Muchas personas elogiaban mis pantalones y, lo confieso, tenía la tendencia de exhibirlos en público para que la gente los notara.

La chaqueta era igualmente impresionante. Estaba entretejida con mis convicciones. Cada día me vestía con profundos sentimientos de fervor religioso. Mis emociones eran bastante fuertes. A decir verdad, eran tan fuertes que a menudo me pedían que en reuniones públicas modelara mi saco de celo para inspirar a otros. Por supuesto, me encantaba hacerlo.

Mientras lo hacía, también mostraba mi sombrero: un tocado emplumado de conocimientos. Hecho con mis manos y de la tela de la opinión personal, lo llevaba con orgullo.

Sin duda, Dios está impresionado con mi atuendo, pensaba a menudo. A veces entraba a su presencia contoneándome para que él pudiera elogiar mi atuendo hecho a la medida. Él nunca dijo nada. *Su silencio debe ser de admiración,* me convencí.

Pero entonces mi traje empezó a desgastarse. La tela de mis pantalones se estropeó. Mis mejores obras empezaron a descoserse. Empecé a dejar más cosas sin hacer y lo poco que realizaba no era nada de qué jactarse.

No hay problemas, pensé. *Me esforzaré más.*

Pero esforzarme más *era* un problema. Había un agujero en mi chaqueta de convicciones. Mi resolución estaba desgastada. Un viento frío me penetró hasta el pecho. Quise ajustarme bien el sombrero, pero el ala se desprendió por completo.

En pocos meses mi ropaje de autojusticia se descosió por completo. Pasé de vestir un traje estilo sastre a los harapos de un mendigo. Temeroso de que Dios pudiera enojarse por mi traje estropeado, hice lo mejor que pude para remendarlo y cubrir mis faltas. Pero la tela estaba muy gastada y el viento era tan helado que me di por vencido. Volví a Dios. (¿A dónde más podría ir?)

Un jueves por la tarde, durante el invierno, entré en la presencia de Dios no buscando aplauso, sino calor. Mi oración fue febril.

—Me siento desnudo.

—Lo estás. Y lo has estado desde hace mucho tiempo.

Nunca olvidaré lo que él hizo enseguida.

—Tengo algo que darte —dijo.

Con gentileza quitó los hilos que quedaban y luego tomó un manto, un manto real, el ropaje de su propia bondad. Lo puso alrededor de mis hombros. Las palabras que me dijo fueron tiernas:

—Hijo, ahora estás vestido con Cristo (véase Gálatas 3.27).

Aunque había cantado mil veces el himno, finalmente lo comprendí:

> *Vestido solo con su justicia,*
> *para estar impecable ante su trono.*[1]

· 14 ·

CUANDO EL HOMBRE
CUBRE SU BOCA

Respondió Job a Jehová, y dijo:

Yo conozco que todo lo puedes,

Y que no hay pensamiento que se esconda de ti.

¿Quién es el que oscurece el consejo sin entendimiento?

Por tanto, yo hablaba lo que no entendía;

Cosas demasiado maravillosas para mí, que yo no
*   comprendía.*

Oye, te ruego, y hablaré;

Te preguntaré, y tú me enseñarás.

De oídas te había oído;

Mas ahora mis ojos te ven.

—JOB 42.1-5

Hay momentos en que hablar es violar el momento... cuando el silencio representa el mayor respeto.

Esta fue una lección que Job tuvo que aprender. Si tenía un defecto, era su lengua. Hablaba demasiado.

No era que nadie pudiera culparlo. La calamidad le cayó encima a este hombre como un león sobre una manada de gacelas, y cuando pasó el asolamiento, difícilmente quedaba una pared en pie o un ser querido vivo. Los enemigos mataron el ganado de Job, el rayo destruyó sus ovejas. Vientos poderosos sumieron en la desgracia a sus hijos que celebraban una fiesta.

Y eso solo fue el primer día.

Job no tuvo tiempo de llamar al seguro cuando vio que tenía lepra en las manos y erupciones en la piel. Su esposa, alma compasiva, le dijo: «¡Maldice a Dios y muérete!». Sus cuatro amigos llegaron con los modales de un sargento de instrucción, diciéndole que Dios es justo y el dolor es el resultado del mal, y tan cierto como que dos más dos es cuatro, Job debe tener delitos en su pasado para sufrir de esa manera.

Cada cual tenía su propia interpretación de Dios y por qué Dios hizo lo que hizo. No eran los únicos que hablaban de Dios. Cuando sus acusadores callaban, Job respondía. Las palabras iban y venían...

Abrió Job su boca... (3.1).

Entonces respondió Elifaz temanita... (4.1).

Respondió entonces Job... (6.1).

Respondió Bildad suhita... (8.1).

Respondió Job... (9.1).

Respondió Sofar naamatita... (11.1).

Este ping-pong verbal continúa a través de veintitrés capítulos. Finalmente Job está harto de respuestas. No hay más cháchara ni discusión de grupo. Llegó el momento del discurso principal. Toma el micrófono con una mano, se agarra del púlpito con la otra y se lanza en su discurso. A través de seis capítulos Job da su opinión acerca de Dios. Esta vez los capítulos comienzan así: «Respondió Job», «Resumió Job su discurso», «Volvió Job a reanudar su discurso». Define a Dios, explica a Dios y evalúa a Dios. Uno queda con la impresión de que Job sabe más de Dios que Dios mismo.

Tenemos treinta y siete capítulos en el libro antes que Dios aclare su garganta y se ponga a hablar. El capítulo treinta y ocho empieza con estas palabras: «Entonces respondió Jehová a Job».

Si su Biblia es como la mía, hay un error en este versículo. Las palabras están bien, pero el impresor usa una tipografía equivocada. Las palabras debieran verse así:

¡ENTONCES RESPONDIÓ JEHOVÁ A JOB!

Dios habla. Los rostros se vuelven hacia el cielo. Los vientos doblan los árboles. Los vecinos se meten en los refugios para tormentas. Los gatos salen disparados a subirse a los árboles y los perros se esconden entre los arbustos. «Hay mucho viento, mi amor. Es mejor que entres las sábanas que tendiste». En cuanto Dios abre su boca, Job se da cuenta que debió haber mantenido cerrados sus ulcerados labios.

Muéstrame ahora tu valentía, y respóndeme a estas preguntas: ¿Dónde estabas cuando yo afirmé la tierra? ¡Dímelo, si de veras sabes tanto! ¿Sabes quién decidió cuánto habría de medir, y quién fue el arquitecto que la hizo? ¿Sobre qué descansan sus cimientos? ¿Quién le puso la piedra principal de apoyo, mientras cantaban a coro las estrellas de la aurora entre la alegría de mis servidores celestiales? (38.3–7, DHH)

Dios llena los cielos de preguntas y Job no puede menos que entender el argumento: Solo Dios define a Dios. Tienes que saber el alfabeto antes de saber leer, y Dios le dice a Job: «Tú ni siquiera conoces el abecedario del cielo, mucho menos su vocabulario». Por primera vez Job guarda silencio. Un torrente de preguntas lo silenció.

¿Has visitado el misterioso abismo donde tiene sus fuentes el océano? [...] ¿Has visitado los depósitos donde guardo la nieve y el granizo [...]? ¿Acaso fuiste tú quien dio fuerza al caballo, quien adornó su cuello con la crin? ¿Acaso tú lo haces saltar como langosta, con ese soberbio resoplido que impone terror? [...] ¿Acaso eres tan sabio que enseñas a volar al halcón, y a tender su vuelo hacia el sur? (38.16, 22; 39.19–20, 26, DHH)

Job casi no tiene tiempo de mover su cabeza ante una pregunta cuando ya le hace la siguiente. La insinuación del Padre es clara: «En cuanto seas capaz de manejar cosas tan sencillas como almacenar estrellas y alargar el cuello del avestruz, podremos conversar sobre dolor y sufrimiento. Pero mientras tanto, podemos seguir sin tus comentarios».

¿Captó Job el mensaje? Pienso que sí. Escuchemos su respuesta: «¿Qué puedo responder yo, que soy tan poca cosa? Prefiero guardar silencio» (40.3–4, DHH).

Notemos el cambio. Antes de oír a Dios, Job hablaba sin saciarse. Después de oír a Dios no puede hablar.

El silencio era la única respuesta adecuada. Hubo un tiempo en la vida de Tomás de Kempis cuando él también guardó silencio. Había escrito profusamente acerca del carácter de Dios. Pero un día Dios lo confrontó con una gracia tan santa, que a partir de ese momento todas las palabras de Kempis «parecían paja». Dejó a un lado su pluma y no volvió a escribir otra línea. Había guardado silencio.

La palabra oportuna para tales momentos es reverencia.

· 15 ·

DESHAZTE DE TU REPUTACIÓN

Sino que [Jesús] se despojó a sí mismo, tomando forma
de siervo, hecho semejante a los hombres; y estando en la
condición de hombre, se humilló a sí mismo, haciéndose
obediente hasta la muerte, y muerte de cruz.

—FILIPENSES 2.7-8

Mis amistades adolescentes incluían a un puñado de cristianos, y ninguno de ellos era popular. La hija de un ministro declinaba las invitaciones a fiestas con cerveza y rechazaba el chismorreo. Como resultado, pasaba sola la mayoría de sus horas de almuerzo y los viernes por la noche. Un jugador de tenis regresó de sus vacaciones de verano con un cartel bíblico adhesivo en el parachoque de su auto y una sonrisa en el rostro. Lo apodamos «el maniático de Jesús».

Mi voz se escuchaba entre las que hacían mofa. No debería estar, pero estaba. Algo en mi interior me decía que estaba obrando mal, pero no escuchaba el consejo. Mis padres me llevaron a la iglesia. Mi ministro me habló de Cristo. Pero, ¿tomé en serio a Dios o a la iglesia? No. Tenía algo mucho más importante que promover.

Mi reputación: atleta, casanova, bebedor de cerveza, fiestero. Pulía y protegía mi reputación como si fuera un Mustang del 65. Lo que más me importaba era la opinión que la gente tenía de mí.

Pero luego empecé a asistir a la universidad y escuché a un profesor describir a un Cristo al que nunca había visto. Un Cristo amante de la gente y vencedor de la muerte. Un Jesús que dedicaba tiempo a los solitarios, a los fracasados... un Jesús que murió por los hipócritas como yo. Así que me alisté en sus filas. Le entregué mi corazón tanto como pude.

Poco después de esa decisión viajé a la casa de mis padres donde me encontraría con algunos miembros de mi antigua pandilla. A solo unos minutos de haber partido empecé a sentirme nervioso. Mis amigos no sabían nada de mi fe. Y yo no estaba seguro si quería que ellos lo supieran. Recordaba los chistes que habíamos hecho sobre la hija del predicador y el maniático de Jesús. ¿Me arriesgaría a escuchar las mismas cosas sobre mí? ¿Acaso no tenía un estatus que proteger?

Uno no puede promover dos reputaciones al mismo tiempo. Promueve la de Dios y olvídate de la tuya. O promueve la tuya y olvídate de la de Dios. Tienes que escoger.

José lo hizo. Mateo describe al padre terrenal de Jesús como un carpintero (Mateo 13.55). Reside en Nazaret: un punto perdido en el mapa del aburrimiento. En el Nuevo Testamento José nunca habla. Pero sí *hace* muchas cosas. Ve a un ángel, desposa a una muchacha embarazada y conduce a su familia a Belén y a Egipto. Actúa bastante, pero no dice una palabra.

Este carpintero de una pequeña aldea jamás dijo una palabra digna de las Escrituras. ¿Fue José una elección acertada? ¿No tenía Dios mejores alternativas? ¿Un sacerdote elocuente de Jerusalén o un erudito de entre los fariseos? ¿Por qué José? Una parte importante de la respuesta radica en su reputación: él la sacrifica por Jesús. «José, su marido [de María], como era justo, y no quería infamarla, quiso dejarla secretamente» (Mateo 1.19).

Con la frase «como era justo», Mateo reconoce el estatus de José. Él era un *tsadiq*, un estudiante formal de la *Torah*.[1] Nazaret veía a José como veríamos nosotros a un anciano, un diácono o un maestro de estudios bíblicos. Los *tsadiqs* estudiaban la ley de Dios. Recitaban y vivían a diario el *Shema*.[2] Mantenían la sinagoga, observaban los días santos y las restricciones alimentarias. No era poca cosa que un carpintero ordinario fuese conocido como *tsadiq*. Es muy probable que José se enorgulleciera de esto, pero el anuncio de María lo ponía en peligro. *Estoy embarazada.*

Los padres de María, para entonces, ya habían firmado y sellado un contrato con una dote. María pertenece a José; José pertenece a María. Por un vínculo legal y matrimonial.

Y ahora, ¿qué hacer? ¿Qué podría hacer un *tsadiq*? Su novia está embarazada, marcada, mancillada... él es justo, un hombre de Dios. Por una parte, está la ley. Por la otra, su amor. La ley ordena que ella sea lapidada. El amor, que sea perdonada. Y José está atrapado entre ambos. Pero José es un buen hombre. «Como era justo, y no quería infamarla, quiso dejarla secretamente» (v. 19).

Un divorcio silencioso. ¿Cuánto duraría el silencio? No mucho, probablemente. Pero, durante un tiempo, era su solución.

Entonces se le apareció el ángel. «Pensando él en esto, he aquí un ángel del Señor le apareció en sueños y le dijo: José, hijo de David, no temas recibir a María tu mujer, porque lo que en ella es engendrado, del Espíritu Santo es» (v. 20).

El abultado vientre de María no será causa de preocupación, sino de regocijo. «Ella lleva en su vientre al Hijo de Dios», anuncia el ángel. Pero, ¿quién podía creer eso? ¿Quién compraría esa historia? Imagínese a José interrogado por los líderes de la aldea.

«José», le dicen, «hemos sabido que María está embarazada».

José asiente.

«El niño, ¿es tuyo?».

Él niega con la cabeza.

«¿Sabes cómo quedó embarazada?».

José traga en seco. Su barba se perla de sudor frío. Enfrenta un dilema. Inventar una mentira y preservar su lugar en la comunidad, o decir la verdad y decir adiós a su condición de *tsadiq*. Toma una decisión. «José [...] recibió a su mujer. Pero no la conoció hasta que dio a luz a su hijo primogénito; y le puso por nombre Jesús» (Mateo 1.24–25).

José tiró su reputación al cesto. Cambió su título de *tsadiq* por una novia embarazada y un hijo ilegítimo, y tomó la más grande decisión que pueda tomar un discípulo. Puso el plan de Dios por delante del suyo.

¿Estarías dispuesto a hacer lo mismo? Dios nos concede una vida extraordinaria de acuerdo al grado en que renunciemos a la ordinaria. «Porque todo el que quiera salvar su vida, la perderá; y todo el que pierda su vida por causa de mí, la hallará» (Mateo 16.25). ¿Renunciarías a tu reputación para ver nacer a Jesús en tu mundo?

Considera estas situaciones:

Imagínate que eres fotógrafo de una agencia de publicidad. Tu jefe quiere asignarte la más importante sesión de fotografía que hayas realizado. ¿El cliente? Una revista para adultos. Él conoce tu fe. Di que sí y podrás bruñir tu reputación como fotógrafo. Di que sí y estarás usando el don que Dios te ha dado para enlodar la reputación de Cristo. ¿Qué decidirías hacer?

El profesor de filosofía en la universidad la emprende cada día contra Cristo. Él desprecia la espiritualidad y denigra la necesidad de perdonar. Un día invita a cualquier cristiano de la clase a hablar. ¿Hablarías?

Una situación más. A ti te agrada el papel del cristiano navideño. Cantas los villancicos, asistes a los servicios... Llega enero, te olvidas de tu fe y vuelves a poner tu Biblia en un estante. En cambio, en diciembre, te vuelves a elevar a las alturas.

Sin embargo, este diciembre algo te impacta. La inmensidad de la temporada te golpea. *Por mí, Dios colgó en una cruz a un rey, su mayor esperanza.* Salen a la superficie pensamientos radicales: unirte a una clase semanal de estudios bíblicos, participar en un viaje misionero, ofrecerte como voluntario para una obra de caridad. Tu familia y tus amigos creen que has enloquecido. Mientras tu mundo cambia, también cambia el de ellos. Quieren que regrese el cristiano navideño.

Puedes proteger tu reputación o la de él. La decisión te pertenece. José tomó la suya.

Y también Jesús. Él «no estimó el ser igual a Dios como cosa a que aferrarse, sino que se despojó a sí mismo, tomando forma de siervo, hecho semejante a los hombres; y estando en la condición de hombre, se humilló a sí mismo, haciéndose obediente hasta la muerte, y muerte de cruz» (Filipenses 2.6–8).

Cristo renunció a su reputación. Nadie en Nazaret lo saludaba como el Hijo de Dios. Él no se destacó en la foto de su clase de primaria, no exigió una página en papel cromo en el anuario de su clase de bachillerato. Sus amigos le conocieron como un carpintero, no como una estrella. Su apariencia no hacía volver cabezas, no obtuvo créditos por su posición. En el gran retablo que llamamos Navidad, Jesús abandonó sus privilegios celestiales y aceptó el dolor terrenal. «Se despojó a sí mismo, tomando forma de siervo, hecho semejante a los hombres» (Filipenses 2.7).

Dios anda buscando a aquellos dispuestos a hacer lo mismo, a otro José, por mediación de los cuales pueda presentar a Cristo al mundo.

Para Dios es tan importante desinflar egos inflados que se ha ofrecido para ayudar.

Lo hizo conmigo. Hace poco pasé una semana del otoño en una gira de promoción de libros. Vimos largas filas y librerías abarrotadas. Una persona tras otra me felicitaba. Durante tres días me estuve bañando en un río de adulación. Y empecé a creérmelo. *Tanta gente no puede estar equivocada. Debo ser un regalo de Dios para los lectores.* Mi pecho estaba tan hinchado que apenas podía ver dónde debía firmar mi autógrafo. Vamos, que si yo hubiese nacido 2000 años antes, estaríamos leyendo los evangelios de Mateo, *Max*, Lucas y Juan. Cuando ya me estaba preguntando si la Biblia no necesitaría otra epístola, Dios me lanzó una saeta de humildad.

Debido a las largas filas que habíamos tenido por la tarde, se nos hacía tarde para una sesión de firma de libros esa noche. En la siguiente librería esperábamos algo similar. Preocupados, llamamos antes de llegar.

—Estamos atrasados. Dígales a las personas que pronto llegaremos.

—Sin prisa, —aseguró la gerente de la librería.

—¿Y qué piensa hacer con la gente?

—Ninguno de los dos parece andar apurado.

—¿Ninguno de los dos?

Cuando llegamos, a Dios gracias, la multitud de dos personas se había triplicado: eran seis. Habíamos programado dos horas para firmar los libros, pero no necesitamos más de diez minutos.

No queriendo quedarme solo en la mesa, bombardeé a preguntas al último comprador. Hablamos de sus padres, su escuela, su número de seguro social y hasta de su cumpleaños favorito. Pese a mis ruegos, se tuvo que ir. Así que me quedé solo en la mesa... con una alta loma de libros de Max Lucado que nadie venía a reclamar.

Pregunté a la gerente:

—¿Hizo suficiente publicidad?

—Sí, más de lo habitual —dijo y se fue.

—¿Ha tenido aquí otras sesiones de firma de libros? —le pregunté cuando regresó.

—Sí, generalmente tenemos muy buena respuesta —sentenció y volvió a salir.

Firmé todos los libros que estaban sobre la mesa. También todos los libros de Max Lucado en los estantes. Y luego firmé libros de Tom Clancy y de John Grisham. Finalmente un cliente se acercó a la mesa.

—¿Escribe usted libros? —preguntó, tomando uno de los míos en sus manos.

—Sí, ¿quiere que se lo firme?

—No, gracias —respondió y salió.

Dios había dado en el blanco. Para que no se me olvidara, mi lectura diaria la siguiente mañana contenía este pasaje: «No seas sabio en tu propia opinión» (Proverbios 3.7).

Cuando estás lleno de ti mismo, Dios no puede llenarte.

Pero cuando estás vacío, te conviertes en un vaso útil para él. En tu Biblia hay montones de ejemplos de aquellos que sí se han vaciado.

En su Evangelio, Mateo menciona su nombre solamente dos veces. Y en las dos se describe como un simple recaudador de impuestos. En su relación de los apóstoles, se asigna el octavo lugar.

Juan ni siquiera menciona su nombre en su Evangelio. Las veces que aparece el nombre «Juan» se refieren todas al Bautista. Juan el apóstol se identifica simplemente como «el otro discípulo» o «el discípulo a quien Jesús amaba».

Lucas escribió dos de los libros más importantes de la Biblia pero no escribió su nombre ni siquiera una vez.

Pablo, su escritor más prolífico, se refirió a sí mismo como «un necio» (2 Corintios 12.11). También se llamó «el más pequeño de los apóstoles» (1 Corintios 15.9). Cinco años después decía ser «menos que el más pequeño de todos los santos» (Efesios 3.8). En una de sus últimas epístolas se refiere a sí mismo como «el primero» de los pecadores (1 Timoteo 1.15). A medida que envejecía, empequeñecía su ego.

El rey David no escribió ningún Salmo para celebrar su victoria sobre Goliat. Pero escribió un poema público de penitencia en el que confesaba su pecado con Betsabé (ver Salmo 51).

Y por último tenemos a José. El taciturno padre de Jesús. Lejos de hacerse de un nombre para sí mismo, construyó un hogar para Cristo. Y por ello fue grandemente recompensado. «Y le puso por nombre JESÚS» (Mateo 1.25).

Pon en fila a los millones que han pronunciado el nombre de Jesús, y fíjate en la persona escogida como la primera de la fila. José. De todos los santos, pecadores, hijos pródigos y predicadores que han pronunciado su nombre, José, un sencillo obrero y aldeano, un trabajador de la construcción, fue el primero. Él acunó al Príncipe del cielo y ante un público de ángeles y cerdos, susurró: «Jesús... tu nombre será Jesús».

Parece justo, ¿cierto? José renunció a su nombre. Y Jesús le permitió decir el suyo. ¿Crees que José haya lamentado su decisión?

Yo nunca lamenté la mía. Fui a la fiesta en mi pueblo. Como esperaba, todos me hicieron preguntas como: «¿Qué hay de nuevo?». Les conté. Quizá sin gracia y sin elocuencia... pero con honradez. «Mi fe», recuerdo haber respondido, «estoy tomando muy en serio mi fe».

Algunos pusieron sus ojos en blanco. Otros tomaron nota mental para tachar mi nombre de su lista de invitados. Pero uno o dos se acercaron y me confesaron: «Yo he estado pensando lo mismo».

Después de todo, resultó que no estaba solo.

... PARA LOS QUE COMETEN ERRORES

Si confesamos nuestros pecados, él es fiel y justo
para perdonar nuestros pecados, y limpiarnos de
toda maldad.

—1 Juan 1.9

LA TERNURA DE DIOS

*Porque no tenemos un sumo sacerdote que no pueda
compadecerse de nuestras debilidades, sino uno que fue
tentado en todo según nuestra semejanza, pero sin
pecado. Acerquémonos, pues, confiadamente al trono de
la gracia, para alcanzar misericordia y hallar gracia
para el oportuno socorro.*

—HEBREOS 4.15–16

Cuando mi hija Jenna tenía ocho años, cantó un solo en un banquete de honor. Acepté quedarme en la casa con mis otras dos hijas si mi esposa filmaba la actuación. Al llegar de regreso a casa, tenían una historia curiosa que contar y un interesante video-casete para mostrar.

Jenna se olvidó de la letra. Al subir al escenario frente a un gran auditorio, su mente se quedó en blanco. Como Denalyn estaba grabando en ese momento, pude observar la crisis a través de sus ojos, los ojos de una madre. Se nota que Denalyn se está poniendo nerviosa en el momento en que Jenna empieza a olvidarse de la letra: La cámara comienza a temblar. «Está bien, está bien», asegura la voz de Denalyn. Comienza a cantar las palabras para que Jenna se acuerde. Pero ya es demasiado tarde, Jenna dice «lo siento» a los presentes, rompe en llanto y se aleja corriendo del escenario.

En ese momento la mamá deja caer la cámara y corre tras Jenna. La cámara graba el piso y la voz de Denalyn que dice: «Ven aquí, querida».

¿Por qué hizo eso Denalyn? ¿Por qué paró todo y corrió tras su hija? (Dicho sea de paso, Jenna se recuperó. Denalyn le enjugó las lágrimas. Ambas ensayaron la letra y Jenna cantó y la ovacionaron.)

Ahora bien, ¿por qué Denalyn se preocupó tanto? En el gran cuadro de las cosas, ¿tiene tanta importancia una vergüenza social? Conoces la respuesta aun antes de que te la diga. Para una niña de ocho años es algo sumamente importante. Y porque era importante para Jenna, también lo era para su mamá.

Y porque eres hijo de Dios, si es importante para ti, es importante para él.

· 17 ·

CACHORROS, MARIPOSAS Y UN SALVADOR

¡Miserable de mí! ¿quién me librará de este cuerpo de muerte? Gracias doy a Dios, por Jesucristo Señor nuestro. Así que, yo mismo con la mente sirvo a la ley de Dios, mas con la carne a la ley del pecado.

—ROMANOS 7.24-25

Cuando yo tenía diez años, tuve una cachorrita llamada Tina. Te hubiera encantado. Era la mascota perfecta. Una adorable cachorra pekinés de nariz ñata. Tenía una oreja caída y la otra erguida. Nunca se cansaba de jugar, pero tampoco fastidiaba.

Como su madre murió cuando ella nació, me correspondió la tarea de criarla. Le di leche en un pomo de leche con biberón para muñecas, y por la noche acostumbraba asomarme para ver si estaba abrigada. Nunca olvidaré la noche en que la llevé a mi cama y luego descubrí que se había ensuciado en mi almohada. Éramos un buen equipo. Fue mi primer encuentro con la paternidad.

Un día fui al patio para darle su cena a Tina. Miré en varias partes y la vi en una esquina junto a la cerca. Había acorralado a una mariposa (tanto como se puede acorralar a una mariposa) y jugueteaba aullando y saltando en el aire para atrapar a la mariposa con su boca. Me entretuve durante un rato mirándola, y luego la llamé.

«¡Tina! ¡Ven acá! ¡Es hora de comer!».

Lo que pasó después me sorprendió. Tina dejó de jugar y me miró. Pero en lugar de venir corriendo hacia mí, se sentó en sus patas traseras.

Entonces, inclinó su cabeza hacia la mariposa, me volvió a mirar, luego a la mariposa y después a mí de nuevo. Por primera vez en su vida tenía que tomar una decisión.

Sentía que su «deseo» era perseguir a la mariposa, que burlonamente la esperaba en el aire. Pero sabía que su «deber» era obedecer a su amo. Un dilema clásico de la voluntad: el conflicto entre el «deseo» y el «deber». Esta misma pregunta que ha enfrentado cada adulto, ahora la enfrentaba mi cachorrita.

¿Y sabes qué hizo? ¡Persiguió a la mariposa! Salió corriendo y ladrando, desoyó mi llamado y persiguió a esa tonta mariposa hasta que esta voló por encima de la cerca.

Entonces vino la culpa.

Se detuvo durante un largo rato en la cerca, sentada sobre sus patas traseras, mirando al aire por donde la mariposa se había ido. La culpa de la desobediencia lentamente eclipsó la emoción de la persecución.

Se dio vuelta con dificultad y caminó de regreso hacia su amo. (Para ser franco, ya yo estaba un poco molesto.) Cruzó el patio cabizbaja y triste.

Por primera vez en su vida se sintió culpable.

Había transgredido su «deber» para ceder a su «deseo».

Sin embargo, mi corazón se enterneció y la llamé una vez más. Al sentirse perdonada, Tina se lanzó a mis brazos. (Yo siempre he sido un buenazo.)

Puede que esté exagerando un poco. No sé si un perro pueda sentirse culpable o no. Pero sé que un humano sí. No importa si el pecado es tan trivial como perseguir a una mariposa o tan serio como acostarse con la mujer de otro hombre, los efectos son los mismos.

La culpa entra sigilosamente a gatas y se roba cualquier gozo que haya brillado en nuestros ojos. En vez de confianza trae duda, y la racionalización desplaza la sinceridad. Se acaba la paz. Llega la confusión. A medida que cesa el placer de la gratificación, empieza el hambre del alivio.

Nos volvemos cortos de vista, y nuestra vida miope solo tiene un objetivo: librarnos de nuestra culpa. O como lo formuló Pablo por todos nosotros: «¡Miserable de mí! ¿quién me librará de este cuerpo de muerte?» (Romanos 7.24).

Esta no es una pregunta nueva. Apenas abrimos la Biblia cuando ya encontramos a la humanidad lidiando con la culpa o, con mayor frecuencia, fallando en el esfuerzo de lidiar con esta. La rebelión de Adán y Eva los llevó a la vergüenza y a esconderse. La envidia de Caín lo llevó al asesinato y al destierro. Y en poco tiempo toda la raza humana sufría lo mismo. El mal abundó y la gente se volvió más malvada. El corazón del hombre se enfrió tanto que ya no buscó más alivio para su conciencia encallecida. Y, en uno de los pasajes más horrendos de la Biblia, Dios dice que lamenta haber creado al hombre sobre la tierra (véase Génesis 6.6).

Todo esto por la incapacidad del hombre para lidiar con el pecado.

¡Si solo tuviéramos un riñón de culpa que filtrara nuestros fracasos, o un borrador incorporado que nos ayudara a vivir con nosotros mismos! Pero no. De hecho, ese, precisamente, es el problema.

El hombre solo no puede lidiar con la culpa.

Cuando Adán fue creado, fue creado sin la capacidad de enfrentar la culpa. ¿Por qué? Porque no fue hecho para cometer errores. Pero cuando los cometió, no tenía manera de lidiar con estos. Cuando Dios lo buscó para ayudarlo, Adán cubrió su desnudez y se escondió avergonzado.

El hombre no puede lidiar por sí mismo con su culpa. Necesita ayuda externa. A fin de perdonarse a sí mismo, debe recibir el perdón de aquel a quien ha ofendido. Aun así, el hombre no es digno de pedir perdón a Dios.

Ese es, por tanto, todo el propósito de la cruz.

La cruz hizo lo que los corderos sacrificados no podían hacer. Borró nuestros pecados, no por un año, sino por la eternidad. La cruz hizo lo que el hombre era incapaz de hacer. Nos concedió el derecho de hablar, de amar e incluso de vivir con Dios.

No puedes hacerlo por ti solo. No me interesa a cuántos servicios de adoración hayas asistido o cuántas buenas obras hagas, tu bondad es insuficiente. *No puedes* ser lo bastante bueno para merecer el perdón. Nadie saca un puntaje perfecto en un juego de bolos. Nadie. Ni tú, ni yo, ni nadie.

Por eso hay culpa en el mundo.

Por eso necesitamos un salvador.

Tú no puedes perdonarme por mis pecados ni yo puedo perdonar los tuyos.

Dos niños en una charca de barro no pueden limpiarse el uno al otro. Necesitan a alguien limpio. Alguien sin mancha. También nosotros necesitamos a alguien limpio.

Por eso necesitamos un Salvador.

Lo que necesitaba mi cachorrita es exactamente lo que tú y yo necesitamos: un amo que extienda su mano y diga: «ven, está bien». No necesitamos un amo que nos juzgue conforme a nuestro desempeño, o tristemente fallaremos. Tratar de llegar al cielo con nuestra propia bondad es como tratar de llegar a la luna en un rayo de luna. Linda idea, pero inténtalo a ver qué pasa.

Escucha. Deja de intentar apagar tu propia culpa. No puedes hacerlo. No hay manera. No con una botella de whisky ni con una asistencia perfecta a la escuela dominical. Lo siento. No me importa cuán malo seas. No puedes ser tan malo como para olvidarla. Y no me importa cuán bueno seas. No puedes ser lo bastante bueno para vencerla.

Necesitas un Salvador.

· 18 ·

NO CULPABLE

*Entonces los escribas y los fariseos le trajeron una
mujer sorprendida en adulterio; y poniéndola en
medio, le dijeron: Maestro, esta mujer ha sido
sorprendida en el acto mismo de adulterio. Y en la ley
nos mandó Moisés apedrear a tales mujeres. Tú, pues,
¿qué dices?*

*Mas esto decían tentándole, para poder acusarle.
Pero Jesús, inclinado hacia el suelo, escribía en tierra
con el dedo. Y como insistieran en preguntarle, se
enderezó y les dijo: El que de vosotros esté sin pecado sea
el primero en arrojar la piedra contra ella. E
inclinándose de nuevo hacia el suelo, siguió escribiendo
en tierra. Pero ellos, al oír esto, acusados por su
conciencia, salían uno a uno, comenzando desde los más
viejos hasta los postreros; y quedó solo Jesús, y la mujer
que estaba en medio.*

Enderezándose Jesús, y no viendo a nadie sino a la
mujer, le dijo: Mujer, ¿dónde están los que te acusaban?
¿Ninguno te condenó?

Ella dijo: Ninguno, Señor. Entonces Jesús le dijo: Ni
yo te condeno; vete, y no peques más.

—JUAN 8.3-11

Allí se encuentra ella. La mujer está parada en el centro del círculo. Los hombres que la rodean son líderes religiosos. Fariseos es como les llaman. Autodenominados guardianes de la conducta. El otro hombre, el de las vestiduras sencillas, el que está sentado en el suelo, el que está mirando al rostro de la mujer, es Jesús.

Jesús ha estado enseñando.

La mujer ha estado engañando.

Y los fariseos tienen la intención de detenerlos a ambos.

«Maestro, esta mujer ha sido sorprendida en el acto mismo de adulterio» (Juan 8.4). La acusación retumba en las paredes del atrio.

«Sorprendida en el acto mismo de adulterio». Las palabras por sí solas bastan para hacerle sonrojar. Puertas que se abren con un golpe. Mantas que se quitan de un tirón.

«En el acto». En los brazos. En el momento. En el abrazo.

«Sorprendida». ¡Ajá! ¿Qué tenemos aquí? Este hombre no es tu marido. ¡Ponte algo de ropa! ¡Sabemos qué hacer con las mujeres como tú!

En un abrir y cerrar de ojos la arrancan de la pasión privada y la lanzan al espectáculo público. Las cabezas se asoman por las ventanas a medida que el grupo la va empujando por las calles. Los perros ladran. Los vecinos se dan vuelta. La ciudad observa. Ella esconde su desnudez, sujetando el delgado manto que rodea sus hombros.

Pero nada puede esconder su vergüenza.

Desde este instante en adelante se le conocerá como la mujer adúltera. Cuando vaya al mercado las mujeres susurrarán. Cuando pase, las cabezas girarán. Cuando se mencione su nombre la gente la recordará.

Las faltas morales son fáciles de recordar.

Sin embargo, la injusticia mayor pasa inadvertida. Lo que hizo la mujer es vergonzoso, pero lo que hicieron los fariseos es despreciable. De acuerdo con la ley el adulterio se castigaba con la muerte, pero solo si dos personas eran testigos del acto. Debía haber dos testigos oculares.

Pregunta: ¿Cómo pueden dos personas ser testigos de adulterio? ¿Qué posibilidad hay de que temprano en la mañana dos personas tropiecen con una manada de abrazos prohibidos? Esto difícilmente ocurre. Pero dado el caso de que sucediera, lo más probable es que no sea una coincidencia.

De manera que nos preguntamos: ¿Durante cuánto tiempo estuvieron los hombres espiando por la ventana antes de forzar la entrada? ¿Cuánto tiempo pasaron escondidos detrás de la cortina antes de revelar su presencia?

¿Y qué del hombre? El adulterio requiere que haya dos participantes. ¿Qué le sucedió? ¿Acaso se pudo escapar?

Las evidencias dejan poco lugar a la duda. Era una trampa. Atraparon a la mujer. Pero pronto se sabrá que ella no es la presa... sino solo la carnada.

«En la ley nos mandó Moisés apedrear a tales mujeres. Tú, pues, ¿qué dices?» (v. 5.)

Este comité de elevada ética estaba bastante engreído. Los agentes de la justicia estaban demasiado orgullosos de sí mismos. Este será un momento que ellos recordarán durante mucho tiempo, la mañana en que desbaratan y atrapan al poderoso nazareno.

¿Qué parte cumple la mujer? La verdad es que ella es de poca importancia. Un simple peón en su juego. ¿Su futuro? No tiene mayor trascendencia. ¿Su reputación? ¿A quién le interesa si queda arruinada? Ella es una parte necesaria y a la vez desechable de su plan.

La mujer mira fijamente el suelo. Lleva colgando su cabello transpirado. Sus lágrimas gotean calientes por el dolor. Sus labios estirados, su mandíbula contraída. Sabe que ha sido víctima de una estratagema. No es necesario que levante la vista. No hallará bondad. Ella observa las piedras que llevan en sus manos. Están tan tensamente apretadas que las puntas de los dedos se tornan blancas.

Considera la posibilidad de salir corriendo. ¿Pero hacia dónde? Podría declarar que ha sido víctima de malos tratos. ¿Pero ante quién? Pudiera negar el acto, pero la vieron. Tal vez pudiese suplicar misericordia, pero estos hombres no la ofrecen.

La mujer no tiene a quien recurrir.

Uno pudiera suponer que Jesús se pondría de pie para proclamar su juicio sobre los hipócritas. Pero no lo hace. Uno desearía que alguien arrebatara a la mujer y que ambos fuesen teletransportados a Galilea. Tampoco eso es lo que sucede. Pudiera imaginarse que un ángel descendería, que el cielo hablaría o que la tierra se sacudiría. Sin embargo, nada de eso ocurre.

Una vez más su jugada es sutil.

Pero nuevamente su mensaje es inconfundible.

¿Qué hace Jesús? (Si lo sabes, finge que lo ignoras y sorpréndete.)

Jesús escribe en la arena.

Se inclina y dibuja en la tierra. El mismo dedo que grabó los mandamientos en la cima del Sinaí y quemó la advertencia sobre la pared de Belsasar, ahora hace garabatos en el suelo. Y mientras escribe, dice: «El que de vosotros esté sin pecado sea el primero en arrojar la piedra contra ella» (v. 7).

Los jóvenes miran a los ancianos. Los ancianos ven dentro de sus corazones. Son los primeros en dejar caer sus piedras. Y al dar la vuelta para irse, los jóvenes presumidos con convicciones prestadas hacen lo mismo. Lo único que se escucha es el sonido sordo de las piedras al caer y el movimiento de los pies.

Jesús y la mujer quedan a solas. Luego de retirarse el jurado, el tribunal se convierte en la cámara del juez mientras que la mujer aguarda su veredicto. *Seguramente está elaborando un sermón. Sin duda le exigirá que pida perdón.* Pero el juez no habla. Su cabeza está inclinada hacia abajo, tal vez sigue escribiendo en la arena. Parece sorprendido al darse cuenta de que aún permanece allí.

«Mujer, ¿dónde están los que te acusaban? ¿Ninguno te condenó?».

Ella dijo: «Ninguno, Señor».

Entonces Jesús dice: «Ni yo te condeno; vete y no peques más» (vv. 10–11).

Si alguna vez te has preguntado cómo reacciona Dios cuando tú fallas, pon un marco a estas palabras y cuélgalas de la pared. Léelas. Estúdialas. Bebe de ellas. Párate debajo de ellas y permite que se derramen sobre tu alma.

· 19 ·

EL SONIDO DE LA
CONFIANZA

Por esto, mis amados hermanos, todo hombre sea pronto
para oír, tardo para hablar, tardo para airarse.

— SANTIAGO 1.19

Para alentar a otros no hace falta que digas nada. La Biblia dice:
«Todo hombre sea pronto para oír, tardo para hablar» (Santiago 1.19). Nuestra tendencia general es hablar mucho y escuchar poco. Hay momentos para hablar, pero también hay momentos para permanecer en silencio. Esto es lo que hacía mi padre. Que se te escape una bola tal vez no sea un asunto serio para la mayoría de la gente, pero si tienes trece años y aspiras a jugar en un equipo profesional de pelota, es algo muy importante. No solo fue mi segundo

error en el partido, sino que gracias a esto el equipo contrario anotó la carrera ganadora.

Ni siquiera regresé al banquillo. Di la vuelta en medio del parque y salté la valla. Me faltaba la mitad del camino para llegar a casa cuando papá me encontró. No me dijo ni una palabra. Se limitó a detenerse a un lado de la carretera, se inclinó en el asiento y abrió la puerta del pasajero. No hablamos. No hacía falta. Ambos sabíamos que el mundo se había terminado. Cuando llegamos a casa, me fui directo a mi cuarto y él se fue derecho a la cocina. Al poco rato se presentó en mi habitación con galletas y un vaso de leche. Se sentó en la cama y partimos juntos el pan. Un poco más tarde, mientras mojaba las galletas en la leche, comencé comprender que la vida y el amor de padre iban a continuar. En el esquema mental de un muchacho adolescente, si amas al chico al que se le escapó la bola es que lo amas de verdad. Mi habilidad como jugador de pelota no mejoró, pero sí la confianza en el amor de mi padre. Mi padre no dijo ni una palabra. Pero hizo acto de presencia. Me escuchó. Eso es lo que hace tu Dios Padre. Su presencia puede que esté muy quieta, pero hace acto de presencia. Y escucha.

· 20 ·

CUANDO LA GRACIA ACTÚA PROFUNDAMENTE

Porque somos hechura suya, creados en Cristo Jesús para buenas obras, las cuales Dios preparó de antemano para que anduviésemos en ellas.

—EFESIOS 2.10

Hace más de cien años, unos pescadores departían en el comedor de una posada junto al mar en Escocia, intercambiando anécdotas de pesca. Uno de ellos hizo grandes gestos para describir el tamaño de un pez que había escapado. Su brazo chocó contra la bandeja del té que llevaba la sirvienta y la tetera salió volando hasta pegar contra la pared blanca, donde su contenido dejó una mancha indefinida de color marrón.

El dueño de la posada examinó el daño y se lamentó: «Voy a tener que volver a pintar toda la pared».

«Tal vez no», sugirió un extraño. «Permítame trabajar en la pared».

Como no tenía nada que perder, el propietario aceptó la singular oferta. El hombre buscó su maletín de artista y de allí sacó lápices, pinceles, óleos y pigmentos. Trazó unas líneas alrededor de las manchas y aplicó sombras y colores entre las salpicaduras de té. Después de un tiempo comenzó a surgir una imagen definida: Un venado con una cornamenta formidable. El hombre puso su firma en la parte de abajo, pagó su comida y se fue. Su nombre: Sir Edwin Lanseer, famoso pintor de la vida silvestre.

En sus manos, un error se convirtió en una obra maestra.[1]

Las manos de Dios hacen lo mismo, una y otra vez. Él pinta encima y alrededor de los borrones dislocados de nuestra vida y los convierte en una expresión de su amor. Llegamos a convertirnos en obras maestras por «las abundantes riquezas de su gracia en su bondad para con nosotros» (Efesios 2.7).

Recibe la obra de Dios. Bebe hasta el fondo de su manantial de gracia.

· 21 ·

LO QUE EN REALIDAD QUEREMOS SABER

¿Quién acusará a los escogidos de Dios? Dios es el que

justifica. ¿Quién es el que condenará? Cristo es el que

murió; más aun, el que también resucitó, el que además

está a la diestra de Dios, el que también intercede por

nosotros.

—ROMANOS 8.33-34

Hace algún tiempo leí una historia de un muchacho que disparaba piedras con una honda. Nunca pudo darle al blanco. Al regresar al patio de su abuela, vio su pato favorito. Impulsivamente apuntó al pato y lanzó la piedra. El proyectil acertó y mató al pato. El muchacho se asustó y escondió el ave muerta en un montón de leña, tan solo para levantar la vista y ver que su hermana lo veía todo.

Aquel día, después del almuerzo, la abuela le pidió a Sally que le ayudara a lavar los platos. Sally respondió: «Juanito me dijo que él quería ayudar a lavar los platos hoy, ¿verdad, Juanito?». Y al oído le susurró: «¡Recuerda el pato!». De modo que Juanito lavó los platos.

¿Qué alternativa tenía? En las semanas siguientes estuvo en el fregadero con frecuencia. Algunas veces por obligación, otras veces por su pecado. «¡Recuerda el pato!», le susurraba Sally cuando protestaba.

Hastiado del quehacer, decidió que cualquier castigo sería mejor que lavar más platos, de modo que confesó que había matado al pato. «Lo sé, Juanito», dijo la abuela dándole un abrazo. «Estaba en la ventana y lo vi todo. Te quiero y por eso te perdoné. Me preguntaba cuánto tiempo le ibas a permitir a Sally que te esclavizara.»[1]

... PARA UNA
FE VACILANTE

*Porque de cierto os digo que cualquiera que
dijere a este monte: Quítate y échate en el mar,
y no dudare en su corazón, sino creyere que será
hecho lo que dice, lo que diga le será hecho.*

—MARCOS 11.23

22

EL EVANGELIO DE LAS SEGUNDAS OPORTUNIDADES

Cuando pasó el día de reposo, María Magdalena, María la madre de Jacobo, y Salomé, compraron especias aromáticas para ir a ungirle. Y muy de mañana, el primer día de la semana, vinieron al sepulcro, ya salido el sol. Pero decían entre sí: ¿Quién nos removerá la piedra de la entrada del sepulcro?

Pero cuando miraron, vieron removida la piedra, que era muy grande. Y cuando entraron en el sepulcro, vieron a un joven sentado al lado derecho, cubierto de una larga ropa blanca; y se espantaron.

Mas él les dijo: No os asustéis; buscáis a Jesús nazareno, el que fue crucificado; ha resucitado, no está aquí; mirad el lugar en donde le pusieron. Pero id, decid

a sus discípulos, y a Pedro, que él va delante de vosotros
a Galilea; allí le veréis, como os dijo.

—MARCOS 16.1-7

F ue como descubrir el premio en una caja de galletas o divisar
una pequeña perla en una caja de botones, o como encontrarse
un billete de diez dólares en una gaveta llena de sobres.

Era lo bastante pequeño para pasar desapercibido. Solo tres
palabras. Sé que he leído ese pasaje cientos de veces, pero nunca lo
había visto. Tal vez lo pasaba con rapidez por la emoción de la resurrección. O, como el relato de Marcos acerca de la resurrección es el
más breve de los cuatro, tal vez no le presté mucha atención. O,
debido a que está en el último capítulo del evangelio, mis ojos cansados leyeron demasiado rápido como para notar esta pequeña frase.

Pero nunca la volveré a pasar por alto. Está resaltada en amarillo
y subrayada en rojo. Tal vez quieras hacer lo mismo. Mira en Marcos, capítulo 16. Lee los primeros cinco versículos acerca de la sorpresa de las mujeres cuando encontraron la piedra movida hacia un
lado. Después, saborea esa deliciosa frase que pronuncia el ángel: «ha
resucitado, no está aquí». Pero no te detengas demasiado. Avanza un
poco más. Prepara tu lápiz y disfruta esta joya en el versículo 7 (aquí
viene). El versículo dice: «Pero id, decid a sus discípulos, y a Pedro,
que él va delante de vosotros a Galilea».

¿Lo ves? Lee de nuevo. (Esta vez voy a poner las palabras en cur-
siva.) «Pero id, decid a sus discípulos, *y a Pedro*, que él va delante de
vosotros a Galilea».

140

Ahora dime si esto no es un tesoro escondido.

Si yo hiciera una paráfrasis de estas palabras, diría: «No se queden aquí, vayan y díganselo a los discípulos». Viene una pausa, luego una sonrisa, «y especialmente a Pedro, que él va delante de ustedes a Galilea».

¡Qué frase! Es como si todo el cielo hubiera visto la caída de Pedro, y como si todo el cielo quisiera ayudarlo a reponerse. «Asegúrense de decirle a Pedro que no lo han excluido. Díganle que un fracaso no es el fin».

¡Uf!

Con razón lo llaman el evangelio de las segundas oportunidades.

En el mundo actual no existen muchas segundas oportunidades. Solo pregúntale al niño que no quedó en el equipo de la liga, o al sujeto que recibe la carta de despido, o a la madre de tres niños a quien abandonan por «una beldad».

No hay muchas segundas oportunidades. Hoy día es más como «ahora o nunca». «Aquí no toleramos la incompetencia». «Hay que volverse rudo para arreglárselas». «No hay mucho espacio en la cima». «Tres strikes y quedas fuera». «En este mundo el hombre es el lobo del hombre».

Jesús tenía una respuesta sencilla para nuestra manía masoquista. «¿Es un mundo donde el hombre es el lobo del hombre?», diría él. «Entonces, no vivas con los lobos». Eso tiene sentido, ¿no es así? ¿Por qué permitir que un montón de fracasados te digan cuán fracasado eres?

Por supuesto, puedes tener otra oportunidad.

Pregúntale nada más a Pedro. Durante un minuto se sintió más bajo que la panza de una serpiente y al siguiente era el rey del paseo.

Hasta los ángeles querían que este lanzador de redes supiera que no era el fin. Por medio del correo divino resonó claro el mensaje desde el trono celestial: «Asegúrense de decirle a Pedro que puede batear otra vez».

Aquellos que saben de este tipo de cosas dicen que el Evangelio de Marcos en realidad es la transcripción de los apuntes de Pedro y sus pensamientos dictados. Si esto es cierto, ¡entonces el mismo Pedro fue quien incluyó estas tres palabras! Y si en verdad estas son sus palabras, no puedo evitar pensar que el viejo pescador tuvo que limpiarse una lágrima y tragar saliva cuando llegó a este punto del relato.

No todos los días te dan una segunda oportunidad. Pedro debió haberlo sabido. La siguiente ocasión en la que vio a Jesús, se emocionó tanto que escasamente se remangó los pantalones antes de lanzarse al agua fría del lago de Galilea. También esto bastó, dicen, para motivar a este campesino galileo a llevar el evangelio de las segundas oportunidades hasta Roma, donde lo mataron. Si alguna vez te has preguntado qué podría llevar a un hombre a dejarse crucificar al revés, quizá ahora lo sepas.

No todos los días encuentras a alguien que te dé una segunda oportunidad, mucho menos alguien que te dé una nueva oportunidad cada día.

Pero en Jesús, Pedro encontró las dos.

23

RECUERDA

Cuando llegó la noche de aquel mismo día, el primero
de la semana, estando las puertas cerradas en el lugar
donde los discípulos estaban reunidos por miedo de los
judíos, vino Jesús, y puesto en medio, les dijo: Paz a
vosotros.

—JUAN 20.19

La iglesia de Jesucristo empezó con un grupo de hombres asustados en un segundo piso en Jerusalén.

Aunque habían recibido entrenamiento y enseñanza, no sabían qué decir. Aunque habían marchado con él durante tres años, ahora estaban sentados... asustados. Eran soldados tímidos, guerreros inseguros, mensajeros sin palabras.

Su mayor acto de valentía era levantarse y asegurar la puerta.

Algunos miraban por la ventana, otros miraban a la pared, otros al piso, pero todos miraban dentro de sí mismos.

Y bien debían hacerlo, porque era una hora de autoexamen. Todos sus esfuerzos parecían inútiles. Los agobiaban los recuerdos de promesas que habían hecho, pero no cumplido. Cuando los soldados romanos prendieron a Jesús, los seguidores de este huyeron. Huyeron todavía con el olor del vino del pacto en su aliento y el pan de su sacrificio en sus estómagos.

¿Qué pasó con toda esa presunción de celo? ¿Todas esas declaraciones de devoción? Quedaron hechas añicos en la puerta del huerto de Getsemaní.

No sabemos adónde fueron los discípulos cuando huyeron del huerto, pero sí sabemos lo que llevaron: un recuerdo. Llevaron un vivo recuerdo de un hombre que se llamó a sí mismo nada menos que Dios encarnado. Y no podían sacárselo de la cabeza. Por más que intentaron ignorarlo en la multitud, no podían olvidarlo. Si veían a un leproso, pensaban en la compasión de Jesús. Si escuchaban una tormenta, recordaban el día en que él silenció una. Si veían a un niño, pensaban en el día que él sostuvo en sus brazos a uno de ellos. Y si veían a alguien llevar un cordero al templo, recordaban su rostro manchado con sangre y sus ojos llenos de amor.

No. No podían olvidarlo. Y como resultado, volvieron. Y como resultado, la iglesia de nuestro Señor empezó con un grupo de hombres asustados en un aposento alto.

¿Parece conocido? Las cosas no han cambiado mucho en dos mil años, ¿o sí? ¿Cuántas iglesias hoy se encuentran paralizadas en el aposento alto?

¿Cuántas congregaciones apenas tienen la religión que les permite reunirse, pero no la pasión suficiente para salir? Si las puertas no están aseguradas, bien podrían estarlo también.

La esterilidad del aposento alto. Un poquito de fe, pero muy poco fuego.

«Claro, estamos haciendo nuestra parte para alcanzar el mundo. Vamos, apenas el año pasado enviamos diez cursos por correspondencia. Esperamos una respuesta cualquier día».

«¡Seguro que nos importa alcanzar al mundo! Todos los meses enviamos $150 a... este... cómo se llama el hombre... ah... bueno, olvidé el lugar, pero... oramos por eso con frecuencia».

«¿Hambre en el mundo? Vamos, ¡eso encabeza nuestra lista de prioridades! De hecho, tenemos planes de planear una reunión de planeamiento. Al menos, eso es lo que planeamos hacer».

Gente buena. Muchas ideas. Muchas buenas intenciones. Presupuestos. Reuniones. Palabras. Promesas. Pero mientras todo esto sucede, la puerta sigue cerrada y la historia secreta.

No le das la espalda a Cristo, pero tampoco te vuelves hacia él. No maldices su nombre, pero tampoco lo alabas. Sabes que deberías hacer algo, pero no sabes con seguridad qué hacer. Sabes que deberían reunirse, pero no saben para qué.

Inutilidad del aposento alto. Embajadores confundidos detrás de puertas cerradas con cerrojo. ¿Qué se necesita para quitar ese cerrojo? ¿Qué hace falta para encender el fuego? ¿Qué se necesita para restaurar la pasión del primer siglo? ¿Qué tendrá que pasar antes que los candados de la esterilidad se caigan de nuestras puertas y los discípulos que se van las pisoteen?

¿Más entrenamiento? Eso es una parte. ¿Mejores estrategias? Eso ayudaría. ¿Una mayor visión mundial? Sin duda. ¿Más dinero? Eso es imperativo. ¿Una mayor dependencia del Espíritu Santo? Totalmente.

Pero en medio de esta lista hay un ingrediente fundamental que no puede pasarse por alto. Hay un elemento tan vital que su ausencia garantiza nuestro fracaso. Lo que se necesita para sacarnos es exactamente lo que sacó de allí a los apóstoles.

Imagina la escena: Pedro, Juan, Santiago. Volvieron, sí, volvieron apostando la remotísima posibilidad de que en el pozo del perdón aún quedaran algunas gotas. Volvieron, atreviéndose a soñar que el maestro les había dejado alguna instrucción, algún plan, alguna dirección.

Pero poco sabían ellos que su sueño más descabellado no era lo suficientemente descabellado. Justo cuando alguien decía «es inútil», oyeron un ruido. Oyeron una voz.

«Paz a vosotros» (Juan 20.19).

Todas las cabezas se levantaron. Todos los ojos se voltearon. Todas las bocas se quedaron abiertas. Alguien miró la puerta.

Seguía asegurada.

Fue un momento que los apóstoles nunca olvidarían, una historia que nunca cesarían de contar. La piedra en la tumba no bastó para encerrarlo. Los muros del aposento no pudieron dejarlo afuera.

El traicionado buscó a sus traidores. ¿Qué les dijo? No les dijo «¡qué partida de fracasados!». Tampoco dijo «yo se los dije». Ni sermones de «¿dónde estaban cuando los necesité?». Simplemente una frase: «Paz a vosotros». Justo lo que no tenían, eso les ofreció: paz.

¡Era demasiado bueno para ser verdad! Tan increíble era la apariencia que algunos decían «pellízquenme que estoy soñando», incluso en la ascensión (Mateo 28.17, paráfrasis del autor). ¡Con razón volvieron a Jerusalén con gran gozo! (ver Lucas 24.52). ¡Con razón estaban siempre en el templo alabando a Dios! (ver Lucas 24.53).

Un grupo transformado presenciaba el momento en que un Pedro transformado anunció semanas más tarde: «Sepa, pues, certísimamente toda la casa de Israel, que a este Jesús a quien vosotros crucificasteis, Dios le ha hecho Señor y Cristo» (Hechos 2.36).

No hay timidez en sus palabras. Ni titubeo. Ni reticencia. Alrededor de tres mil personas creyeron su mensaje.

Los apóstoles iniciaron un movimiento. Las personas se volvieron seguidoras del que conquistó la muerte. No se cansaban de oír ni de hablar de él. La gente empezó a llamarlos «cristianos». Cristo era su modelo, su mensaje. Predicaron a «Jesucristo, y a este crucificado», no porque les faltara otro tema, sino porque no podían agotar este.

¿Qué abrió los cerrojos de los corazones de los apóstoles?

Simple. Vieron a Jesús. Encontraron al Cristo. Sus pecados chocaron con su Salvador, ¡y su Salvador ganó! Lo que encendió la llama de los apóstoles fue una convicción ardiente de que Aquel que debería haberlos enviado al infierno, fue por ellos al infierno y regresó para contárselo.

Muchas cosas les sobrevendrían en las décadas siguientes. Pasarían muchas noches lejos de casa. Sentirían hambre. Andarían bajo la lluvia. Sentirían en su cuerpo el golpe de las piedras. Naufragios, azotes, martirio. Pero había una escena en su repertorio de recuerdos que los llevó a nunca volver atrás: el traicionado que vuelve y busca a sus traidores, no para azotarlos, sino para enviarlos. No para criticarlos por olvidar, sino para mandarlos a recordar. *Recordar* que el que estuvo muerto está vivo y que los culpables han sido perdonados.

Piensa en la primera vez que lo viste. Piensa en tu primer encuentro con Cristo. Sumérgete en ese momento. Resucita el alivio. Rememora la pureza. Evoca la pasión. ¿Lo recuerdas?

Yo puedo. 1965. Un niño de diez años, pelirrojo y lleno de pecas, se sienta en una clase bíblica un miércoles en la noche. Lo que recuerdo de la clase son imágenes: pupitres de escuela marcados con iniciales, una pizarra, doce o más niños, algunos escuchando, otros no. Un maestro con una chaqueta demasiado ajustada para abotonar su robusto vientre.

Habla acerca de Jesús. Explica la cruz. Sé que lo había oído antes, pero esa noche sin duda lo oí. «No puedes salvarte a ti mismo; necesitas un salvador». No puedo explicar por qué esa noche, a diferencia de otras, todo se conectó. Sencillamente él expresó lo que yo había empezado a comprender, que yo estaba perdido. Y explicó lo que yo necesitaba, un redentor. A partir de esa noche, mi corazón perteneció a Jesús.

Muchos alegarían que un niño de diez años es demasiado joven para semejante decisión. Y puede que tengan razón. Lo único que sé es que nunca tomé una decisión más seria en mi vida. No sabía mucho acerca de Dios, pero lo que sabía fue suficiente. Sabía que quería ir al cielo. Y sabía que no podía hacerlo solo.

Nadie tuvo que decirme que me sintiera feliz. Nadie tuvo que decirme que lo contara a otros. No podían callarme. Se lo conté a todos mis amigos en la escuela. Puse una pegatina en mi bicicleta. Y aunque nunca había leído 2 Corintios 4.13, sabía lo que significaba: «Creí, y por eso hablé» (NVI). Cuando se recibe perdón de verdad, se proclama de verdad.

Hay una correlación directa entre la exactitud de nuestros recuerdos y la eficiencia de nuestras misiones. Si no enseñamos a las personas cómo ser salvas, tal vez sea porque hemos olvidado la tragedia que significa estar perdido. Si no enseñamos el mensaje del perdón, puede ser que no recordemos cómo era ser culpable. Y si no predicamos la cruz, puede ser que hayamos decidido inconscientemente, Dios no lo quiera, que de algún modo no la necesitamos.

En la que quizá fuera la última carta que escribió, Pablo rogó a Timoteo no olvidar. En una carta escrita mientras oía cómo afilaban la cuchilla que cortaría su cabeza, instó a Timoteo a recordar: «No dejes de recordar a Jesucristo...» (2 Timoteo 2.8, NVI). Casi puedes imaginar al guerrero veterano sonriendo mientras escribe: «No dejes de recordar a Jesucristo, descendiente de David, levantado de entre los muertos. Este es mi evangelio...».

Cuando lleguen tiempos difíciles, recuerda a Jesús. Cuando la gente no escuche, recuerda a Jesús. Cuando hayan lágrimas, recuerda a Jesús. Cuando la desilusión duerma a tu lado, recuerda a Jesús. Cuando el miedo acampe frente a tu casa. Cuando la muerte se aproxime, cuando la ira queme, cuando la vergüenza pese. Recuerda a Jesús.

Recuerda la santidad vestida de humanidad. Recuerda al enfermo que manos callosas sanaron. Recuerda cómo llamó, con acento galileo, al muerto en su sepulcro. Recuerda los ojos de Dios que lloraron lágrimas humanas. Y, ante todo, recuerda a este descendiente de David que derrotó al infierno con su muerte.

¿Todavía puedes recordar? ¿Sigues enamorado de él? Recuerda, exhortó Pablo, recuerda a Jesús. Antes de recordar cualquier cosa, recuérdalo a él. Si olvidas algo, no lo olvides a él.

Pero con qué rapidez olvidamos. Tantas cosas suceden con el paso de los años. Demasiados cambios por dentro. Muchas transformaciones por fuera. Y, en algún lugar allá atrás, lo dejamos. No nos apartamos de él... simplemente no lo traemos con nosotros. Vienen los deberes. Vienen los ascensos. Se hacen presupuestos. Nacen los niños, y el Cristo... el Cristo es olvidado.

¿Cuándo fue la última vez que te quedaste atónito y enmudeciste contemplando los cielos? ¿Hace cuánto que no te percatas de la divinidad de Dios y de tu carnalidad?

Si fue hace mucho, entonces debes saber algo. Él sigue ahí. No se ha ido. Debajo de todos esos papeles y libros, informes y años. En medio de todas esas voces, rostros, recuerdos e imágenes, él sigue ahí.

Hazte un favor. Preséntate otra vez delante de él. O, mejor aun, deja que él se presente delante de ti. Sube a tu aposento y espera. Espera hasta que venga. Y cuando aparezca, no te vayas. Pasa tus dedos sobre sus pies. Pon tu mano en el costado herido. Y mira esos ojos. Los mismos ojos que fundieron las puertas del infierno y sacaron a los demonios disparados y a Satanás corriendo. Míralos cuando te miren. Nunca serás el mismo.

Un hombre nunca es el mismo después de ver al mismo tiempo su absoluta desesperación y la gracia inquebrantable de Cristo. Ver la desesperación sin la gracia es un suicidio. Ver la gracia sin la desesperación es una devoción vana. Pero ver las dos, es conversión.

· 24 ·

DEJA ESPACIO PARA LA MAGIA

Pero Tomás, uno de los doce, llamado Dídimo, no estaba con ellos cuando Jesús vino. Le dijeron, pues, los otros discípulos: Al Señor hemos visto. El les dijo: Si no viere en sus manos la señal de los clavos, y metiere mi dedo en el lugar de los clavos, y metiere mi mano en su costado, no creeré.

Ocho días después, estaban otra vez sus discípulos dentro, y con ellos Tomás. Llegó Jesús, estando las puertas cerradas, y se puso en medio y les dijo: Paz a vosotros.

Luego dijo a Tomás: Pon aquí tu dedo, y mira mis manos; y acerca tu mano, y métela en mi costado; y no seas incrédulo, sino creyente.

Entonces Tomás respondió y le dijo: ¡Señor mío, y
Dios mío!

—JUAN 20.24-28

Tomás. No se deja limitar a un simple resumen.

Claro, yo sé que lo hemos etiquetado. Alguien, en algún lugar, en algún sermón, lo llamó «el incrédulo Tomás». Y el apodo pegó. Y es cierto, *sí* dudó. Solo que hubo más. Hubo más en su cuestionamiento que una simple falta de fe. Se debía más a la falta de la imaginación. Lo puedes ver en otras instancias aparte de la resurrección.

Observa, por ejemplo, la ocasión en que Jesús habló con gran elocuencia acerca del hogar que iba a preparar. Aunque las imágenes no eran fáciles de comprender para Tomás, hizo su mejor esfuerzo. Puedes ver sus ojotes cuando intenta imaginar una gran casa blanca en la Avenida Santo Tomás. Y justo cuando Tomás está a punto de esclarecer la imagen, Jesús da por sentado: «Ustedes ya saben a dónde voy». Tomás parpadea una o dos veces, mira a su alrededor las otras caras de desconcierto, y luego estalla con franco aplomo: «Señor, no sabemos a dónde vas; ¿cómo, pues, podemos saber el camino?» (Juan 14.5). A Tomás no le importaba decir lo que pensaba. Si no entiendes algo, ¡dilo! Su imaginación solo llegaba hasta cierto punto.

Y entonces hubo aquella ocasión en la que Jesús dijo a sus discípulos que se iba para estar con Lázaro, aunque Lázaro ya estaba muerto y sepultado. Tomás no podía imaginar a qué se refería Jesús, pero si

Jesús quería regresar al lugar donde los judíos trataron de apedrearlo una vez, Tomás no permitiría que él los enfrentara solo. Así que le dio una palmadita a su confiable arma en el cinto, y dijo «¡Muramos con él!» (Juan 11.16). Tomás había pasado su vida esperando al Mesías, y ahora que el Mesías estaba ahí, él estaba dispuesto a perder su vida por él. No hay mucha imaginación en esto, pero sí mucha lealtad.

Puede que esta lealtad explique por qué Tomás no estaba en el aposento alto cuando Jesús apareció a los otros apóstoles. Como ves, pienso que la muerte de Jesús fue un golpe muy duro para Tomás. Aunque no podía comprender por completo todas las metáforas que Jesús empleó algunas veces, aún estaba dispuesto a ir hasta el fin con él. Pero nunca imaginó que el fin llegara de manera tan abrupta y prematura. Como resultado, Tomás quedó con un crucigrama lleno de acertijos sin respuestas.

Por un lado, la idea de un Jesús resucitado era demasiado inverosímil para el dogmático Tomás. Su limitada creatividad dejaba poco espacio para la magia o el espectáculo. Además, él no iba a permitirse volver a sufrir desilusión. Una desilusión era suficiente, gracias. Por otro lado, su lealtad movía en él las ansias de creer. En tanto que existiera el más mínimo rayo de esperanza, quería ser partícipe de la acción.

Su confusión, entonces, obedece a una combinación de falta de imaginación e inquebrantable lealtad. Él era demasiado veraz frente a la vida para ser crédulo, y al mismo tiempo demasiado leal a Jesús para ser infiel. Al final, fue su devoción realista lo que le llevó a pronunciar su ya famosa condición: «A menos que vea las marcas de los clavos en sus manos y ponga mis dedos donde estaban los clavos, no creeré» (Juan 20.25, paráfrasis del autor).

Entonces, creo que podríamos decir que sí dudó. Pero era un tipo de duda diferente que no nace de la timidez o la desconfianza, sino de la reticencia para creer lo imposible, y a un simple temor de ser lastimado por segunda vez.

La mayoría de nosotros somos así, ¿o no? En nuestro mundo de presupuestos, planeamiento a largo plazo y computadoras, ¿no nos resulta difícil confiar en lo increíble? ¿Acaso la mayoría de nosotros no suele también examinar la vida con ceño fruncido y caminar con cautela? Nos resulta difícil imaginar que Dios pueda sorprendernos. Pues bien, dejar espacio para los milagros hoy no es una idea muy sensata.

Como resultado, al igual que a Tomás, nos resulta difícil creer que Dios pueda hacer aquello que es su especialidad: cambiar muerte por vida. En nuestra estéril imaginación guardamos pocas esperanzas de que ocurra lo improbable. Entonces, al igual que Tomás, dejamos que nuestros sueños sean presa de la duda.

Cometemos el mismo error de Tomás: olvidamos que *imposible* es una de las palabras favoritas de Dios.

¿Y qué de ti? ¿Cómo está tu imaginación en estos días? ¿Cuándo fue la última vez que dejaste que tus sueños sacaran a codazo tu lógica? ¿Cuándo fue la última vez que imaginaste lo inimaginable? ¿Cuándo fue la última vez que soñaste con un mundo entero unido en paz o con todos los creyentes unidos en comunión? ¿Cuándo fue la última vez que te atreviste a soñar con el día en que cada boca se alimente y cada nación viva en paz? ¿Cuándo fue la última vez que soñaste con que cada criatura sobre la tierra oiga acerca del Mesías? ¿Ha pasado mucho tiempo desde que afirmaste la promesa de Dios de hacer «mucho más abundantemente de lo que pedimos o entendemos»? (Efesios 3.20).

Aunque iba en contra de cada uno de sus huesos lógicos en su cuerpo, Tomás dijo que creería si pudiera tener al menos una prueba. Y Jesús (siempre tan paciente con nuestras dudas) le dio a Tomás exactamente lo que pidió. Extendió sus manos una vez más. Nunca Tomás se había sorprendido tanto. Miró de nuevo, cayó postrado sobre su rostro, y exclamó: «¡Señor mío, y Dios mío!» (Juan 20.28).

Jesús debió sonreír.

Él sabía que en Tomás tenía a un ganador. Siempre que se mezcla la lealtad con un poquito de imaginación, tienes a un hombre de Dios en tus manos. Un hombre que morirá por la verdad, como Tomás. Se cuenta que se subió a un carguero con destino a la India, donde tuvieron que asesinarlo para que dejara de hablar de su casa preparada en el mundo venidero y de su amigo que volvió de los muertos.

· 25 ·

CREER Y RECIBIR

Después partieron del monte de Hor, camino del Mar
Rojo, para rodear la tierra de Edom; y se desanimó el
pueblo por el camino. Y habló el pueblo contra Dios y
contra Moisés: ¿Por qué nos hiciste subir de Egipto para
que muramos en este desierto? Pues no hay pan ni
agua, y nuestra alma tiene fastidio de este pan tan
liviano.

Y Jehová envió entre el pueblo serpientes ardientes,
que mordían al pueblo; y murió mucho pueblo de Israel.

Entonces el pueblo vino a Moisés y dijo: Hemos
pecado por haber hablado contra Jehová, y contra ti;
ruega a Jehová que quite de nosotros estas serpientes. Y
Moisés oró por el pueblo.

Y Jehová dijo a Moisés: Hazte una serpiente
ardiente, y ponla sobre una asta; y cualquiera que fuere
mordido y mirare a ella, vivirá.

Y Moisés hizo una serpiente de bronce, y la puso
sobre una asta; y cuando alguna serpiente mordía a
alguno, miraba a la serpiente de bronce, y vivía.

—NÚMEROS 21.4–9

Los israelitas errantes en el desierto volvieron a murmurar contra Moisés. Aunque por fin acampaban junto a la tierra prometida y eran los beneficiarios de cuatro décadas de provisión divina continua, los hebreos se despotricaron como malcriados ricachones: «¿Por qué nos hiciste subir de Egipto para que muramos en este desierto?» (Números 21.5).

La misma queja, por enésima vez. Esclavos liberados añoraban la esclavitud en Egipto. Soñaban con las pirámides y maldecían la llanura, echando de menos a faraón y denigrando a Moisés. Detestaban la arena caliente, los días largos y el maná; ni hablar del maná: «Nuestra alma tiene fastidio de este pan tan liviano» (v. 5).

Ya se habían comido todas las hamburguesas y cacerolas de maná, y ya habían preparado todos los emparedados con mantequilla de maná que podían aguantar. Y Dios también había recibido más quejas de las que podía aguantar. «Y Jehová envió entre el pueblo serpientes ardientes, que mordían al pueblo; y murió mucho pueblo de Israel» (v. 6).

Estas son las escenas que sueñan los productores de películas de terror. Víboras lustrosas y sinuosas que salen por huecos en la tierra y en las rocas y que están por todo el campamento. Mucha gente muere. Hay cadáveres por todas partes. Los sobrevivientes le piden a Moisés que implore a Dios misericordia:

> Hemos pecado [...] ruega a Jehová que quite de nosotros estas serpientes. Y Moisés oró por el pueblo. Y Jehová dijo a Moisés: Hazte una serpiente ardiente, y ponla sobre una asta; y cualquiera que fuere mordido y mirare a ella, vivirá. Y Moisés hizo una serpiente de bronce, y la puso sobre una asta; y cuando alguna serpiente mordía a alguno, miraba a la serpiente de bronce, y vivía. (vv. 7–9)

Este pasaje contiene una profecía solemne.

También incluye una promesa simple. Los israelitas mordidos por una serpiente hallaron su salud mirando el asta. Los pecadores hallarán sanidad mirando a Cristo: «Para que todo aquel que en él cree, no se pierda, mas tenga vida eterna» (Juan 3.15).

La simplicidad exaspera a muchas personas. Esperamos una cura más complicada, un tratamiento más prolijo. Moisés y sus seguidores también pudieron haber esperado más. Fabricar un ungüento. Inventar una loción terapéutica. Aplicarse el tratamiento unos a otros. O al menos enfrentarse a las culebras. Reunir todos los palos y piedras del campamento para contraatacar a las serpientes.

Nosotros también esperamos que nos asignen un papel de mayor iniciativa, que nos toque improvisar algún remedio para nuestro pecado. Algunos han decidido ir en pos de la misericordia divina, vistiéndose de cilicio y ceniza, mientras que otros han subido de rodillas las escaleras de alguna catedral o han pisado ascuas ardientes con los pies descalzos.

Otros hemos decidido escribir nuestro propio versículo: «Al que madruga, Dios lo ayuda» (Opinión Popular 1.1). Como quien dice: «Mira Dios, te lo agradecemos pero vamos a reparar el daño por nuestra cuenta, no te preocupes. Vamos a resarcir los errores con donativos y nuestra culpa con múltiples quehaceres. Vamos a superar nuestras fallas con trabajo arduo. Alcanzaremos la salvación al estilo clásico: La vamos a ganar con méritos».

En contraste total, Cristo nos dice: «Lo único que debes hacer es confiar. Confía en mí, confía que voy a hacer lo que tú no puedes hacer».

A propósito, estos son pasos de confianza que das todos los días y, de hecho, a toda hora. Crees que la silla te va a sostener y por eso te sientas. Crees que el agua va a hidratarte, por eso la tomas. Confías en la función que cumple el interruptor, por eso enciendes la bombilla. Tienes fe en que el picaporte funcione, por eso lo giras para abrir la puerta.

Depositas regularmente tu confianza en poderes que no puedes ver para hacer trabajos y cumplir funciones que no puedes lograr. Jesús te invita a hacer lo mismo con él.

Solamente con él. No con Moisés ni con ningún otro líder. No con otras almas mordidas por serpientes. Ni siquiera contigo mismo/a. No puedes arreglarte. Mira a Jesús... y cree.

... PARA LOS QUE
NOS LASTIMAN

Sed, pues, misericordiosos, como también
vuestro Padre es misericordioso.

—LUCAS 6.36

· 26 ·

EL PODER DEL PERDÓN

Pues si yo, el Señor y el Maestro, he lavado vuestros pies,
vosotros también debéis lavaros los pies los unos a los
otros. Porque ejemplo os he dado, para que como yo os he
hecho, vosotros también hagáis.

—JUAN 13.14-15

Hace poco comí con unos amigos. Un matrimonio quería hablarme acerca de una tormenta por la cual estaban pasando. Por toda una serie de hechos, ella se enteró de un acto de infidelidad que había ocurrido una década antes. El esposo cometió el error de pensar que sería mejor no decírselo a la esposa, así que no se lo contó. Pero ella se enteró y como puede imaginarse, quedó profundamente herida.

Mediante el consejo de un asesor, la pareja dejó todo lo que tenían entre manos, y se fueron por unos días. Tenían que tomar una decisión. ¿Huirían, lucharían o perdonarían? Así que oraron. Hablaron. Caminaron. Reflexionaron. En este caso la esposa tenía claramente la razón. Podía haberse ido. Hay mujeres que han hecho eso por razones menores. Podía haberse quedado y haberle hecho la vida un infierno. Otras mujeres lo han hecho. Pero ella escogió una respuesta diferente.

En la décima noche de su viaje, mi amigo encontró una tarjeta sobre su almohada. Tenía un verso impreso que decía: «Prefiero no hacer nada y estar junto a ti que hacer algo y estar sin ti». Debajo del verso ella escribió lo siguiente:

Te perdono. Te quiero. Sigamos adelante.

La tarjeta bien pudiera haber sido una «palangana». La pluma bien pudo haber sido una jarra de agua porque vertió misericordia, y con eso ella lavó los pies de su esposo.

Ciertos conflictos pueden resolverse solo con una palangana de agua. ¿Hay alguna relación en tu mundo que tiene sed de misericordia?

• 27 •

GRACIAS POR EL PAN

Cuando alzó Jesús los ojos, y vio que había venido a él
gran multitud, dijo a Felipe: ¿De dónde compraremos
pan para que coman éstos?

Pero esto decía para probarle; porque él sabía lo que
había de hacer.

Felipe le respondió: Doscientos denarios de pan no
bastarían para que cada uno de ellos tomase un poco.

Uno de sus discípulos, Andrés, hermano de Simón
Pedro, le dijo: Aquí está un muchacho, que tiene cinco
panes de cebada y dos pececillos; mas ¿qué es esto para
tantos?

Entonces Jesús dijo: Haced recostar la gente. Y había
mucha hierba en aquel lugar; y se recostaron como en
número de cinco mil varones. Y tomó Jesús aquellos
panes, y habiendo dado gracias, los repartió entre los
discípulos, y los discípulos entre los que estaban

recostados; asimismo de los peces, cuanto querían. Y

cuando se hubieron saciado, dijo a sus discípulos:

Recoged los pedazos que sobraron, para que no se pierda

nada. Recogieron, pues, y llenaron doce cestas de

pedazos, que de los cinco panes de cebada sobraron a los

que habían comido. Aquellos hombres entonces, viendo

la señal que Jesús había hecho, dijeron: Este

verdaderamente es el profeta que había de venir al

mundo.

—JUAN 6.5-14

Querido amigo:

Te estoy escribiendo para darte las gracias. Me hubiera gustado habértelas dado personalmente, pero no sé dónde estás. Hubiera querido llamarte por teléfono, pero no sé cómo te llamas. Si conociera tu aspecto te buscaría, pero tu rostro está difuso en mi mente. Sin embargo, jamás olvidaré lo que hiciste.

Allí estabas, apoyado contra tu camioneta en el campo petrolero al oeste de Texas. Un ingeniero o algo así. Un supervisor. Tu camisa limpia y planchada te hacía diferente a nosotros los obreros. En la jerarquía de trabajo, estábamos abajo. Tú eras el jefe. Nosotros los obreros. Tú leías los planos. Nosotros cavábamos las zanjas. Tú inspeccionabas las tuberías. Nosotros las instalábamos. Tú comías con los jefes en el cobertizo. Nosotros nos agrupábamos bajo la sombra.

Excepto aquel día.

Recuerdo que me pregunté por qué lo hiciste.

No lucíamos muy bien. Lo único que no estaba sudado, estaba embarrado de petróleo. Los rostros quemados por el sol y la piel negra por la grasa. Aquello, sin embargo, no me molestaba. Estaba allí solo por el verano. Un muchacho de secundaria que se estaba ganando algunos dólares colocando tuberías. Para mí, era un trabajo de verano. Para los demás, una forma de ganarse la vida. La mayoría era inmigrantes sin papeles que habían venido de México. Otros eran vagabundos, yendo de un lugar a otro por la pradera, como plantas rodadoras.

Tampoco éramos muy brillantes en nuestra conversación. El lenguaje que usábamos era rudo y vulgar. Después del almuerzo, encendíamos un cigarrillo y empezaban las bromas. Nunca faltaba quien tuviera un mazo de naipes con muchachas provocativas en el reverso. Durante treinta minutos al calor del día, el lugar se transformaba en Las Vegas, repleto de lenguaje soez, historias sucias, juegos de naipes y taburetes de barra que hacían las veces de cubos donde poner el almuerzo.

En medio del juego te acercaste a nosotros. Pensé que tal vez habría un trabajo por hacer y no podías esperar un par de minutos. Como los demás, también protesté al verte venir.

Te veías nervioso. Recargabas el peso del cuerpo en un pie y luego en el otro mientras empezabas a hablar.

«¡Hmm! Muchachos», dijiste.

Nos volvimos y te miramos.

«Yo, bueno, me gustaría, este, invitarlos...».

Te estabas saliendo de tu zona de seguridad. No tenía idea de lo que pensabas decir, pero sí sabía que no tenía nada que ver con el trabajo.

«Quería decirles... este... que nuestra iglesia tiene una reunión esta noche, este...».

«¿Qué?». No podía creerlo. «¿Está hablando de iglesia? ¿Aquí? ¿A nosotros?».

«Me agradaría mucho que me acompañaran».

Silencio. Un silencio que gritaba. El mismo silencio que oiría si una monja le pidiera a una madama usar su burdel para celebrar una misa. El mismo silencio que oiría si un representante de la Oficina de Rentas Internas invitara a la mafia a un seminario sobre integridad en el pago de los impuestos.

Algunos de los muchachos miraron el suelo. Algunas miradas penetrantes. Risitas contenidas se elevaron unas pulgadas por sobre la superficie.

«Bueno, muchachos, este. Eso era todo, hum... Si quisieran venir me lo dejan saber».

Después que te volviste y te alejaste, nos echamos a reír. Te llamamos «reverendo», «predicador» y «Papa». Comenzamos a lanzarnos burlas unos a otros y nos retábamos uno al otro para ir. Te convertiste en el blanco de los chistes de ese día.

Estoy seguro que te diste cuenta. Y estoy seguro que volviste a tu camioneta sabiendo que lo único bueno que hiciste fue hacer el ridículo. Si eso fue lo que pensaste, tengo que decirte que te equivocaste.

Por eso te escribo esta carta.

He pensado en ti esta semana. Pensé en ti al leer de alguien que se atrevió a hacer algo durante la hora del almuerzo. Pensé en ti cuando leí la historia de un niño que le dio su almuerzo a Jesús (Juan 6.1–14).

No era mucho lo que tenía. En realidad, nada comparado con lo que se necesitaba para alimentar a más de cinco mil personas.

Probablemente tuvo que vencer el temor de hacer el ridículo porque, ¿qué era su almuerzo para tanta gente? Seguramente se preguntó si en verdad valdría la pena entregar su almuerzo.

¿Qué tan lejos se puede llegar con un almuerzo?

Creo que esa fue la razón por la que no se lo dio a la gente, sino a Jesús. Algo le dijo que si él plantaba la semilla, Dios garantizaría la cosecha.

Y así lo hizo.

Así fue que hizo acopio de valentía, se puso de pie y se dirigió al círculo de personas adultas. Estaba tan fuera de lugar en aquel grupo como tú en el nuestro. Debe haberse sentido nervioso. A nadie le gusta hacer el ridículo.

Además, es probable que alguien se haya reído de él.

Y si no se rieron, deben de haber movido la cabeza como diciendo: «¿No tendrá este niño algo mejor en qué entretenerse?».

Y si no movieron la cabeza, quizá revolearon los ojos como diciendo: «Estamos frente a una verdadera crisis de alimento y este pequeño piensa que con su almuerzo se va a solucionar todo».

Pero el niño no estaba mirando ni las cabezas ni los ojos de los adultos. Solo miraba a Jesús.

Es posible que tú hicieras lo mismo cuando tomaste la decisión. No mucha gente nos hubiera considerado material para diáconos. Cualquiera hubiera guardado sus semillas para un terreno más dócil. Y casi hubiera tenido razón. Pero Jesús dijo que dieras... así que tú diste.

Cuando pienso en esto, veo que tú y el niño de la historia tienen mucho en común:

- Ambos usaron su almuerzo para ayudar a otros.
- Ambos prefirieron la fe a la lógica.
- Ambos dibujaron una sonrisa en el rostro del Padre.

Sin embargo, hay una diferencia. El niño pudo ver lo que Jesús hizo con su almuerzo, pero tú no. Por eso es que te estoy escribiendo. Porque quiero que sepas que al menos una de esas semillas cayó en una grieta fértil.

Unos cinco años más tarde, un estudiante en segundo año de la universidad estaba luchando con una decisión. Se había alejado de la fe que le dieron sus padres. Y quería volver. Quería volver a casa. Pero el precio que tenía que pagar era alto. Sus amigos se burlarían de él.

Tendría que cambiar sus hábitos. Tendría que recuperar su buena reputación.

¿Lo haría? ¿Tendría el valor necesario?

Entonces, pensé en ti. Sentado en mi dormitorio, tarde una noche, pensando de dónde sacaría el valor para hacer lo que tenía que hacer, pensé en ti.

Pensé que tu amor por Dios fue mucho más importante que tu amor por tu reputación.

Pensé que tu sentido de obediencia fue mucho más grande que tu sentido común.

Recordé que te preocupaste más por hacer discípulos que por dejar una primera buena impresión. Y cuando pensé en ti, tu recuerdo se transformó en mi motivación.

Y regresé a casa.

He contado tu historia docenas de veces a miles de personas. Cada vez la reacción es la misma: la audiencia se transforma en un mar de sonrisas y las cabezas asienten en señal de comprensión. Algunos sonríen porque piensan en el ingeniero de la camisa impecable en sus vidas. Recuerdan al vecino que les llevó el pastel, a la tía que les escribió una carta, al profesor que escuchó...

Otros sonríen porque han hecho lo que tú hiciste. Y ellos, también, se preguntan si su «lealtad a la hora del almuerzo» valió el esfuerzo.

Tú te lo preguntaste. Lo que hiciste ese día no fue mucho. Y estoy seguro que aquel día te fuiste pensando que tu esfuerzo había sido en vano.

Pero no lo fue.

Así es que te estoy escribiendo para darte las gracias. Gracias por el ejemplo. Gracias por el valor. Gracias por ofrecer tu almuerzo a Dios. Él hizo algo con este: se convirtió en el Pan de Vida para mí.

Con gratitud,

Max

P.D. Si por una asombrosa coincidencia lees esto y recuerdas aquel día, por favor, llámame. Te debo un almuerzo.

28

CUANDO TE SACAN
A PATADAS

Me dijo [a Oseas] otra vez Jehová: Ve, ama a una mujer
amada de su compañero, aunque adúltera.

—OSEAS 3.1

Dios no te dejará ir. Él se ha esposado a ti por amor, y es el dueño de la única llave. No necesitas ganarte su amor. Ya lo tienes, y como no puedes ganártelo, tampoco lo puedes perder.

Considera la siguiente evidencia en este caso: El amor testarudo de Oseas por Gomer, una mujer irascible que tuvo la gran fortuna de casarse con un tipo como Oseas. Tenía la fidelidad de una liebre salvaje, coqueteando y saltando de un amante a otro sin pensarlo. Ella arruinó su vida y le partió el corazón a Oseas, que luego la encontró en una subasta de esclavos. ¿Adivinas quién dio un paso al frente para comprarla? Oseas, que nunca se quitó su anillo de matrimonio. El amor con que la trató haría pensar a cualquiera que jamás ella amó a otro hombre. Dios usó este caso de la vida real para ilustrar su constante amor por su pueblo tornadizo.

> Me habló una vez más el Señor, y me dijo: «Ve y ama a esa mujer adúltera, que es amante de otro. Ámala como ama el Señor a los israelitas, aunque se hayan vuelto a dioses ajenos». (Oseas 3.1, NVI)

Este es el amor que describe Juan 3.16. *Hasaq* corresponde al término griego *ágape*, cuyo significado es igualmente poderoso: «Tanto [*agapao*] Dios al mundo...».

Amor *ágape*. Más una decisión que una cuestión de afecto, más una acción que un sentimiento. Como lo describe un lingüista, el amor *ágape* trata «de un ejercicio de la voluntad divina en una elección deliberada, hecha sin otra causa que aquella que proviene de la naturaleza del mismo Dios».[1]

En otras palabras, los coches estrellados y los últimos modelos ocupan el mismo espacio en el garaje de Dios.

29

CUANDO TE IRRITEN LOS GRILLOS

Viendo los hermanos de José que su padre era muerto, dijeron: Quizá nos aborrecerá José, y nos dará el pago de todo el mal que le hicimos. Y enviaron a decir a José: Tu padre mandó antes de su muerte, diciendo: Así diréis a José: Te ruego que perdones ahora la maldad de tus hermanos y su pecado, porque mal te trataron; por tanto, ahora te rogamos que perdones la maldad de los siervos del Dios de tu padre. Y José lloró mientras hablaban.

Vinieron también sus hermanos y se postraron delante de él, y dijeron: Henos aquí por siervos tuyos.

Y les respondió José: No temáis; ¿acaso estoy yo en lugar de Dios? Vosotros pensasteis mal contra mí, mas Dios lo encaminó a bien, para hacer lo que vemos hoy, para mantener en vida a mucho pueblo. Ahora, pues, no tengáis miedo; yo os sustentaré a vosotros y a vuestros

hijos. Así los consoló, y les habló al corazón.

—GÉNESIS 50.15–21

Perdóname si este capítulo está desordenado. Al escribir, estoy enojado. Estoy enojado por causa de un grillo. Es ruidoso. Es detestable. Está escondido. Y tendrá grandes dificultades si alguna vez lo encuentro.

Llegué a mi oficina temprano. Dos horas antes de que sonara mi despertador, yo ya estaba aquí. Las mangas arremangadas y la computadora zumbando. *Gánale a los teléfonos*, pensé. *Adelántate a la mañana*, planifiqué. *Comienza el día con una ventaja.*

Pero *agarra a ese grillo,* es lo que no dejo de murmurar.

Pues bien, nada tengo en contra de la naturaleza. Me encanta la melodía de un canario. El placentero zumbido del viento en las hojas me resulta agradable. Pero me fastidia el *raack-raack-raack* de un grillo antes del amanecer.

De modo que me pongo de rodillas y recorro la oficina guiándome por el sonido. Espío debajo de cajas. Quito libros de los estantes. Me tiro de barriga y miro debajo de mi escritorio. Humillante. Me ha saboteado un insecto de dos centímetros y medio.

¿Qué es este insolente irritante que reduce al hombre a la posición de perseguidor de insectos?

Por fin encuentro al culpable.

Rayos, está detrás de un estante. Fuera de mi alcance. Oculto en un escondite de madera terciada. No lo puedo alcanzar. Lo único que puedo hacer es arrojar bolígrafos a la base del estante. De modo que eso hago. *Pop. Pop. Pop.* Uno tras otro. Una andanada de bolígrafos. Finalmente se calla.

Pero el silencio solo dura un minuto.

Así que perdóname si mis pensamientos están fragmentados, pero estoy descargando la artillería cada dos párrafos. Esta no es manera de trabajar. Esta no es forma de comenzar el día. El piso está desordenado. Mis pantalones sucios. Mi línea de pensamiento se ha descarrilado. Lo que intento decir es, ¿cómo puede uno escribir acerca del enojo cuando hay un estúpido insecto en su oficina?

¡Epa! Supongo que, después de todo, estoy en el contexto mental adecuado...

Enojo. Esta mañana es fácil de definir: el ruido del alma. *Enojo.* El irritante invisible del corazón. *Enojo.* El invasor implacable del silencio.

Al igual que el grillo, el enojo irrita.

Al igual que el grillo, el enojo no puede aplacarse con facilidad.

Al igual que el grillo, el enojo tiene por costumbre ir incrementando en volumen hasta llegar a ser el único sonido que escuchamos. Mientras más fuerte se vuelve, más nos desesperamos.

Cuando nos maltratan, nuestra respuesta animalística es salir a cazar. Instintivamente cerramos nuestros puños. Buscar la venganza es algo muy natural. Lo cual, en parte, es lo que constituye el problema. La venganza es natural, no espiritual. Vengarse es la ley de la selva. Conceder gracia es la ley del reino.

Algunos estarán pensando: *Max, para ti resulta fácil decirlo. Estás sentado en tu oficina y un grillo resulta ser tu principal causa de irritación. Debieras intentar vivir con mi esposa. O, debieras tratar*

de sobrellevar mi pasado. O, debieras criar a mis hijos. No sabes cómo
me ha maltratado mi ex. Ni siquiera tienes idea de lo difícil que ha
sido mi vida.

Y tienes razón, no lo sé. Pero tengo una idea muy clara acerca de
lo desdichado que será tu futuro si no resuelves tu enojo.

Haz una radiografía del alma del vengativo y contemplarás el
tumor de la amargura: negro, amenazante, maligno. Carcinoma del
espíritu. Sus fibras fatales van rodeando silenciosamente los bordes
del corazón y lo destruyen. El ayer no lo puedes alterar, pero tu reacción ante el ayer sí. El pasado no lo puedes cambiar, pero tu respuesta al pasado sí.

¿Imposible, dices tú? Permíteme que intente demostrarte lo
contrario.

Imagina que provienes de una familia grande... aproximada-
mente una docena de hijos. Una familia más mezclada que la familia
Brady.[1] Todos los niños son del mismo padre, pero tienen cuatro o
cinco madres diferentes.

Imagina también que tu padre es un tramposo y que desde hace
mucho tiempo es así. Todos lo saben. Todos saben que mediante
trampas le quitó a tu tío su parte de la herencia. Todos saben que
salió corriendo como un cobarde para impedir que lo atrapasen.

Imaginemos también que tu tío abuelo, mediante engaños, hizo
que tu padre se casase con la hermana de tu madre. Emborrachó a
tu padre antes de la boda e hizo que su hija fea fuera al altar en lugar
de la hija bella con la cual tu padre pensaba que se casaba.

Sin embargo, eso no frenó a tu padre. Simplemente se casó con
las dos. La que él amaba no podía tener hijos, así que se acostó con
su criada. Es más, tenía la costumbre de acostarse con la mayoría de

las ayudantes de cocina; como resultado, la mayoría de tus hermanos se parecen a las cocineras.

Por último, la esposa con la que tu padre había deseado casarse en primer lugar quedó embarazada... y naciste tú.

Eres el hijo preferido... y tus hermanos lo saben.

Te dan auto. A ellos no. Te visten de Armani, a ellos de K-Mart.[2] Vas a campamentos de verano, ellos trabajan en verano. Tú te educas, ellos se enojan.

Y se vengan. Te venden a algún proyecto de servicio en el extranjero, te suben a un avión cuyo destino es Egipto, y le dicen a tu padre que un francotirador te disparó. Te encuentras rodeado de personas desconocidas, aprendiendo un idioma que no comprendes y viviendo en una cultura que jamás viste.

¿Cuento imaginario? No. Es la historia de José. Un hijo preferido en una familia extraña, tenía toda la razón de estar enojado.

Intentó sacarle el mayor provecho posible. Se convirtió en el siervo principal de la máxima autoridad del Servicio Secreto. La esposa del jefe trató de seducirlo y cuando se negó, ella protestó y él acabó en la prisión. Faraón se enteró que José podía interpretar sueños y le dio la oportunidad de tratar de dilucidar algunos de los del mismo faraón.

Cuando José los interpretó, lo promovieron de la prisión al palacio para ocupar el puesto de primer ministro. La segunda posición en importancia en todo Egipto. El rey era la única persona ante la cual se tenía que inclinar José.

Mientras tanto, golpea una hambruna y Jacob, el padre de José, envía a sus hijos a Egipto para obtener un préstamo del extranjero. Los hermanos no lo saben, pero están frente al mismo hermano que ellos vendieron a los gitanos unos veintidós años antes.

No reconocen a José, pero José sí los reconoce. Un poco más calvos y barrigones, pero son los mismos hermanos. Imagina los pensamientos de José. La última vez que vio estos rostros fue desde el fondo de un pozo. La última vez que escuchó estas voces, se estaban riendo de él. La última vez que pronunciaron su nombre, lo insultaron de todas las maneras posibles.

Ahora es su oportunidad de vengarse. Él tiene el control total. Basta chasquear sus dedos para que estos hermanos estén muertos. Mejor aun, esposarlos y ponerles grillos en sus pies para que vean cómo es un calabozo egipcio. Que duerman en el barro. Que limpien los pisos. Que aprendan egipcio.

La venganza está al alcance de José. Y hay poder en la venganza. Un poder embriagante.

¿Acaso no lo hemos probado? ¿No hemos sentido la tentación de vengarnos?

Al entrar al tribunal acompañando al ofensor, anunciamos: «¡Él me lastimó!». Las personas del jurado mueven sus cabezas con disgusto. «¡Él me abandonó!», explicamos, y las cámaras hacen eco de nuestra acusación. «¡Culpable!», gruñe el juez al golpear su mazo. «¡Culpable!», concuerda el jurado. «¡Culpable!», proclama el auditorio. Nos deleitamos en este momento de justicia. Saboreamos este bistec de una libra. Así que prolongamos el acontecimiento. Relatamos la historia una y otra y otra vez.

Ahora congelemos esa escena. Tengo una pregunta. No para todos, sino para algunos. Algunos de ustedes están ante el tribunal. El tribunal de la queja. Algunos sacan a relucir la misma herida en cada oportunidad posible y ante cualquiera que esté dispuesto a escuchar.

La pregunta es para ustedes: ¿Quién los convirtió en Dios? No tengo la intención de ser arrogante, pero, ¿por qué hacen lo que le corresponde a él?

«Mía es la venganza», declaró Dios. «Yo daré el pago» (Hebreos 10.30).

«No digas: Yo me vengaré; espera a Jehová, y él te salvará» (Proverbios 20.22).

El juicio le corresponde a Dios. Suponer algo distinto equivale a suponer que Dios no lo puede hacer.

La venganza es irreverente. Cuando devolvemos un golpe estamos diciendo: «Dios, sé que la venganza es tuya, pero lo que ocurre es que pensé que no castigarías lo suficiente. Pensé que sería mejor tomar esta situación en mis manos. Tiendes a ser un poco suave».

José comprende eso. En lugar de buscar la venganza, revela su identidad y hace que traigan a su padre y al resto de la familia a Egipto. Les concede protección y les provee un lugar para vivir. Viven en armonía durante diecisiete años.

Pero entonces muere Jacob y llega el momento de la verdad. Los hermanos sospechan que ante la desaparición de Jacob serán afortunados si logran salir de Egipto con la cabeza en su lugar. Así que se acercan a José para pedir misericordia.

«Tu padre mandó antes de su muerte, diciendo: Así diréis a José: Te ruego que perdones ahora la maldad de tus hermanos» (Génesis 50.16–17). (No puedo evitar sonreír ante la idea de que hombres ya maduros hablaran de esta manera. ¿No les parece que suenan como niños llorones: «Papá dijo que nos trates bien»?)

¿La respuesta de José? «Y José lloró mientras hablaban» (Génesis 50.17). *«¿Qué más tengo que hacer?»*, imploran sus lágrimas. *«Les he dado un hogar. He provisto para sus familias. ¿Por qué siguen desconfiando de mi gracia?».*

Por favor, lean con cuidado las dos declaraciones que les hace a sus hermanos. Primero pregunta: «¿Acaso estoy yo en lugar de Dios?» (v. 19).

¿Me permiten volver a declarar lo obvio? ¡La venganza le pertenece a Dios! Si la venganza es de Dios, no es nuestra. Dios no nos ha pedido que saldemos cuentas pendientes o que nos venguemos. Jamás.

¿Por qué? La respuesta puede hallarse en la segunda parte de la declaración de José: «Vosotros pensasteis mal contra mí, mas Dios lo encaminó a bien, para hacer lo que vemos hoy, para mantener en vida a mucho pueblo» (v. 20).

El perdón aparece con más facilidad con un lente de gran alcance. José utiliza uno para poder ver todo el cuadro. Rehúsa enfocar la traición de sus hermanos sin mirar también la lealtad de su Dios.

Siempre es de ayuda ver el cuadro completo.

Hace tiempo estaba yo en el vestíbulo de un aeropuerto cuando vi entrar a un conocido. Era un hombre que hacía tiempo no veía, pero a menudo había pensado en él. Había pasado por un divorcio y lo conocía lo suficiente como para saber que él merecía parte de la culpa.

Noté que no estaba solo. A su lado estaba una mujer. *¡Vaya bribón! ¿Hace apenas unos meses y ya está con otra dama?*

Cualquier pensamiento de saludarlo desapareció al emitir un juicio con respecto a su carácter. Pero entonces me vio. Me saludó con la mano. Me hizo señas para que me acercara. Estaba atrapado. Tendría que acercarme para visitar al réprobo. De modo que lo hice.

—Max, quiero presentarte a mi tía y a su esposo.

Tragué saliva. No había visto al hombre.

—Vamos a un encuentro familiar. Pero sé que mis tíos querían conocerte.

—Usamos sus libros en nuestro estudio bíblico familiar —dijo el tío de mi amigo—. Sus percepciones son excelentes.

«Si solo supieras», me dije. Había cometido el pecado común de los que no perdonan. Había emitido un voto sin conocer la historia.

Perdonar a alguien implica admitir nuestras limitaciones. Solo se nos ha entregado una pieza del rompecabezas de la vida. Únicamente Dios posee la tapa de la caja.

Perdonar a alguien implica poner en práctica la reverencia. Perdonar no es decir que el que te lastimó tenía razón. Perdonar es declarar que Dios es justo y que hará lo que sea correcto.

Después de todo, ¿no tenemos ya suficientes cosas para hacer sin también intentar hacer lo que le corresponde a Dios?

Adivinen qué. Acabo de notar algo. El grillo se calló. Me concentré tanto en este capítulo que lo olvidé. Hace como una hora que no lanzo un bolígrafo. Supongo que se durmió. Es posible que eso fuera lo que intentaba hacer desde un principio, pero yo lo despertaba a cada rato con mis bolígrafos.

Finalmente logró descansar un poco. Logré darle fin a este capítulo. Es sorprendente lo que se logra cuando nos desprendemos de nuestro enojo.

· 30 ·

EL PADRE FRENTE AL ENEMIGO

Antes sed benignos unos con otros, misericordiosos,
perdonándoos unos a otros, como Dios también os
perdonó a vosotros en Cristo.

—EFESIOS 4.32

Daniel es grande. Solía ganarse la vida levantando pesas y enseñando a otros cómo hacer lo mismo. Su álbum de recuerdos es colorido, contiene cintas y fotos de él en su mejor momento, en pose de hombre musculoso haciendo flexiones con sus brazos abultados.

Lo único que es más grande que los bíceps de Daniel es su corazón. Permíteme que te cuente acerca de una época en la que su corazón se volvió tierno.

Daniel vivía en la ciudad sureña de Porto Alegre. Trabajaba en un gimnasio y soñaba con poseer uno propio. El banco aceptó financiar la compra si él encontraba a alguien que le sirviera de garante. Su hermano aceptó.

Llenaron todas las solicitudes y aguardaron la aprobación. Todo marchó sin dificultades, y al poco tiempo Daniel recibió una llamada del banco diciéndole que podía pasar a retirar el cheque. En cuanto salió del trabajo, fue al banco.

Cuando el agente de crédito vio a Daniel, expresó sorpresa y le preguntó por qué había venido.

—A buscar el cheque —explicó Daniel.

—Qué extraño —respondió el banquero—. Su hermano pasó más temprano. Retiró el dinero y lo usó para cancelar la hipoteca de su casa.

Daniel estaba furioso. Nunca se imaginó que su propio hermano lo engañara de esa manera. Salió como una tromba hasta la casa de su hermano y golpeó con fuerza la puerta. El hermano abrió la puerta con su hija en brazos. Sabía que Daniel no lo golpearía si tenía en brazos a una niña.

Tenía razón. Daniel no lo golpeó. Pero prometió a su hermano que si alguna vez volvía a verlo le quebraría el cuello.

Daniel se fue a casa con su gran corazón herido y devastado por el engaño de su hermano. No le quedaba otra alternativa que volver al gimnasio y trabajar para saldar la deuda.

Unos meses más tarde Daniel conoció a un joven misionero estadounidense llamado Allen Dutton. Allen se hizo amigo de Daniel y le habló de Jesucristo. Daniel y su esposa pronto se convirtieron en cristianos y discípulos devotos.

Pero a pesar de que a Daniel se le había perdonado tanto, le resultaba imposible perdonar a su hermano. La herida era profunda. La caldera de la venganza seguía hirviendo a fuego lento. No vio a su hermano durante dos años. Daniel no soportaba la idea de mirar al rostro del que lo había traicionado. Y su hermano sentía demasiado aprecio por su rostro como para permitir que Daniel lo viera.

Pero un encuentro fue inevitable. Ambos sabían que a la larga se encontrarían. Y ninguno sabía lo que ocurriría en ese momento.

El encuentro ocurrió un día en una avenida muy transitada. Permita que sea Daniel el que te cuente lo sucedido con sus propias palabras:

Lo vi, pero él no me vio. Sentí que mis manos se cerraban formando puños y mi cara se puso caliente. Mi impulso inicial fue tomarlo por el cuello y estrangularlo.

Pero al mirar su rostro, mi enojo empezó a disiparse. Al verlo, vi la imagen de mi padre. Vi los ojos de mi padre. La mirada de mi padre. La expresión de mi padre. Y al ver a mi padre en su rostro, mi enemigo volvió a ser mi hermano.

Daniel se dirigió hacia él. El hermano se detuvo, giró y comenzó a correr, pero era demasiado lento. Daniel extendió el brazo y lo tomó del hombro. El hermano retrocedió, esperando lo peor. Pero en lugar de que las manos de Daniel retorcieran su cuello, se encontró envuelto en los grandes brazos de Daniel. Y los dos hermanos se quedaron parados y llorando en medio de un río de personas.

Vale la pena repetir las palabras de Daniel: «Cuando vi en su rostro la imagen de mi padre, mi enemigo se convirtió en mi hermano».

Ver la imagen del padre en el rostro del enemigo. Inténtalo. La próxima vez que veas a, o pienses en el que te rompió el corazón, mira dos veces. Al mirarle el rostro, busca también el rostro de él... el rostro de Aquel que te perdonó a ti. Contempla los ojos del Rey que lloró cuando suplicaste, pidiendo compasión. Contempla el rostro del Padre que te concedió gracia cuando ningún otro te daba una oportunidad. Encuentra el rostro del Dios que perdona en el rostro de tu enemigo. Y después, sabiendo que Dios te ha perdonado más de lo que alguna vez debas perdonar a otro, otorga a tu enemigo —y a ti mismo— la libertad.

Y permite que se sane el hoyo en tu corazón.

NOTAS

Capítulo 4: No te abandonaré

1. «Pues si vosotros, siendo malos, sabéis dar buenas dádivas a vuestros hijos, ¿cuánto más vuestro Padre que está en los cielos dará buenas cosas a los que le pidan?» (Mateo 7.11).

2. Frank Stagg, *New Testament Theology* (Nashville: Broadman Press, 1962), p. 102.

Capítulo 7: Dos lápidas

1. Esta historia se encuentra en Juan 4.1–42.

Capítulo 9: Culpabilidad o gracia

1. James F. Colianni, *The Book of Pulpit Humor* (Ventnor, NJ: Voicings, 1992), p. 128.

Capítulo 13: Vestido solo con su justicia

1. Edward Mote, «The Solid Rock» [La Roca sólida].

Capítulo 15: Deshazte de tu reputación

1. Scot McKnight, *The Jesus Creed: Loving God, Loving Others* (Brewster, MA: Paraclete, 2004), p. 77.

2. La confesión de fe judía, compuesta de Deuteronomio 6.4–9; 11.13–21; y Números 15.37–41.

Capítulo 20: Cuando la gracia actúa profundamente

1. Ron Lee Davis con James D. Denny, *Mistreated* (Portland, OR: Multnomah, 1989), pp. 147–48.

Capítulo 21: Lo que en realidad queremos saber

1. Steven Cole, «Forgiveness», *Leadership Magazine*, 1983, p. 86.

Capítulo 28: Cuando te sacan a patadas

1. W. E. Vine, *Diccionario expositivo de palabras del Antiguo y Nuevo Testamento exhaustivo de Vine* (Nashville: Grupo Nelson, 1999), p. 49 de la sección *Diccionario expositivo de palabras de Nuevo Testsamento*.

Capítulo 29: Cuando te irriten los grillos

1. N. del T. De una familia de un popular programa de televisión.
2. N. del T. Armani es una marca de ropa cara; K-Mart es una tienda de precios módicos.

FUENTES

Todo el material de este libro fue publicado originalmente en libros escritos por Max Lucado. Todos los derechos de las obras originales están reservados por Max Lucado. Textos en inglés de los siguientes libros se tradujeron nuevamente: *No Wonder They Call Him Savior* y *Six Hours One Friday*.

... PARA EL REBELDE

Capítulo 1: Brazos abiertos: *Six Hours, One Friday*, capítulo 11 (Nashville: Thomas Nelson, 2004) [*Seis horas de un viernes* (Miami: Vida, 1992)].

Capítulo 2: Vuelve a casa: *No Wonder They Call Him Savior* (Nashville: Thomas Nelson, 2004), capítulo 31 [*Con razón lo llaman el Salvador* (Miami: Unilit, 1997)].

Capítulo 3: Luces brillantes en las noches oscuras: *Todavía remueve piedras* (Nashville: Grupo Nelson, 1994), capítulo 11.

Capítulo 4: No te abandonaré: *Él escogió los clavos* (Nashville: Grupo Nelson, 2001), capítulo 7.

Capítulo 5: La copa de oro: *Six Hours One Friday*, capítulo 10.

Capítulo 6: Más cerca de lo que soñaste: *Acércate sediento* (Nashville: Grupo Nelson, 2004), «Meaghan».

... Para el que está plagado de pesares

Capítulo 7: Dos lápidas: *Six Hours One Friday*, capítulo 3.

Capítulo 8: La voz proveniente del balde de limpiar: *Cuando Dios susurra tu nombre* (Nashville: Grupo Nelson, 1995), capítulo 1.

Capítulo 9: Culpabilidad o gracia: *El trueno apacible* (Nashville: Grupo Nelson, 1996), capítulo 27.

Capítulo 10: El regalo de la hora undécima: *Six Hours One Friday*, capítulo 13.

Capítulo 11: Personas imperfectas: *Mi Salvador y vecino* (Nashville: Grupo Nelson, 2003), capítulo 10.

... Para el orgulloso

Capítulo 12: El reino del absurdo: *Aplauso del cielo* (Nashville: Grupo Nelson, 1996), capítulo 4.

Capítulo 13: Vestido solo con su justicia: *En manos de la gracia* (Nashville: Grupo Nelson, 1997), Introducción.

Capítulo 14: Cuando el hombre cubre su boca: *La gran casa de Dios* (Nashville: Grupo Nelson, 1998), capítulo 5.

Capítulo 15: Deshazte de tu reputación: *Cura para la vida común*, capítulo 10.

... Para los que comenten errores

Capítulo 16: La ternura de Dios: *Todavía remueve piedras*, capítulo 15.

Capítulo 17: Cachorros, mariposas y un Salvador: *No Wonder They Call Him the Savior*, capítulo 27.

Capítulo 18: No culpable: *Todavía remueve piedras*, capítulo 2.

Capítulo 19: El sonido de la confianza: *Un amor que puedes compartir* (Nashville: Grupo, 2002), capítulo 13.

Capítulo 20: Cuando la gracia actúa profundamente: *Acércate sediento*, capítulo 3.

Capítulo 21: Lo que en realidad queremos saber: *En manos de la gracia*, capítulo 17.

... Para una fe vacilante

Capítulo 22: El evangelio de las segundas oportunidades: *No Wonder They Call Him the Savior*, capítulo 17.

Capítulo 23: Recuerda: *Six Hours One Friday*, capítulo 7.

Capítulo 24: Deja espacio para la magia: *No Wonder They Call Him the Savior*, capítulo 18.

Capítulo 25: Creer y recibir: *3:16, Los números de la esperanza*, capítulo 8.

... PARA LOS QUE NOS LASTIMAN

Capítulo 26: El poder del perdón: *Como Jesús* (Nashville: Grupo Nelson, 1999), capítulo 2.

Capítulo 27: Gracias por el pan: *En el ojo de la tormenta* (Nashville: Grupo Nelson, 2003), capítulo 7.

Capítulo 28: Cuando te sacan a patadas: *3:16, Los números de la esperanza*, capítulo 4.

Capítulo 29: Cuando te irriten los grillos: *Cuando Dios susurra tu nombre*, capítulo 13.

Capítulo 30: El Padre frente al enemigo: *Aplauso del cielo*, capítulo 11.

ACERCA DEL AUTOR

Con más de 100 millones de productos impresos, Max Lucado es uno de los autores más leídos de Estados Unidos de América. Sirve a la iglesia Oak Hills en San Antonio, Texas, donde vive con su esposa, Denalyn, y su dulce aunque travieso perro, Andy.

La guía del lector de Lucado

Descubre... dentro de cada libro por Max Lucado, vas a encontrar palabras de aliento e inspiración que te llevarán a una experiencia más profunda con Jesús y encontrarás tesoros para andar con Dios. ¿Qué vas a descubrir?

3:16, Los números de la esperanza
...las 28 palabras que te pueden cambiar la vida.
Escritura central: Juan 3.16

Acércate sediento
...cómo rehidratar tu corazón y sumergirte en el pozo del amor de Dios.
Escritura central: Juan 7.37–38

Aligere su equipaje
...el poder de dejar las cargas que nunca debiste cargar.
Escritura central: Salmo 23

Aplauso del cielo
...el secreto a una vida que verdaderamente satisface.
Escritura central: Las Bienaventuranzas, Mateo 5.1–10

Como Jesús
...una vida libre de la culpa, el miedo y la ansiedad.
Escritura central: Efesios 4.23–24

Cuando Cristo venga
...por qué lo mejor está por venir.
Escritura central: 1 Corintios 15.23

Cuando Dios susurra tu nombre
...el camino a la esperanza al saber que Dios te conoce, que nunca se olvida de ti y que le importan los detalles de tu vida.
Escritura central: Juan 10.3

Cura para la vida común
...las cosas únicas para las cuales Dios te diseñó para que hicieras en tu vida.
Escritura central: 1 Corintios 12.7

Él escogió los clavos
...un amor tan profundo que escogió la muerte en una cruz tan solo para ganar tu corazón.
Escritura central: 1 Pedro 1.18–20

El trueno apacible
...el Dios que hará lo que se requiera para llevar a sus hijos de regreso a él.
Escritura central: Salmo 81.7

En el ojo de la tormenta
...la paz durante las tormentas de tu vida.
Escritura central: Juan 6

En manos de la gracia
...el regalo mayor de todos, la gracia de Dios.
Escritura central: Romanos

Enfrente a sus gigantes
...cuando Dios está de tu parte, ningún desafío puede más.
Escritura central: 1 y 2 Samuel

Gracia
...el regalo increíble que te salva y te sostiene.
Escritura central: Hebreos 12.15

Gran día cada día
...cómo vivir con propósito te ayudará a confiar más y experimentar menos estrés.
Escritura central: Salmo 118.24

La gran casa de Dios
...un plano para la paz, el gozo y el amor que se encuentra en el Padre Nuestro.
Escritura central: El Padre Nuestro, Mateo 6.9–13

Más allá de tu vida
...un Dios grande te creó para que hicieras cosas grandes.
Escritura central: Hechos 1

Mi Salvador y vecino
...un Dios que caminó las pruebas más difíciles de la vida y todavía te acompaña en las tuyas.
Escritura central: Mateo 16.13–16

Sin temor
...cómo la fe es el antídoto al temor en tu vida.
Escritura central: Juan 14.1, 3

Todavía remueve piedras
...el Dios que todavía obra lo imposible en tu vida.
Escritura central: Mateo 12.20

Un amor que puedes compartir
...cómo vivir amado te libera para que ames a otros.
Escritura central: 1 Corintios 13

Lecturas recomendadas si estás luchando con...

EL TEMOR Y LA PREOCUPACIÓN
Acércate sediento
Aligere su equipaje
Mi Salvador y vecino
Sin temor

EL DESÁNIMO
Mi Salvador y vecino
Todavía remueve piedras

LA MUERTE DE UN SER QUERIDO
Aligere su equipaje
Cuando Cristo venga
Cuando Dios susurra tu nombre
Mi Salvador y vecino

LA CULPA
Como Jesús
En manos de la gracia

EL PECADO
Él escogió los clavos
Enfrente a sus gigantes

EL AGOTAMIENTO
Cuando Dios susurra tu nombre

Lecturas recomendadas si quieres saber más acerca de...

LA CRUZ
Él escogió los clavos

LA GRACIA
Gracia
Él escogió los clavos
En manos de la gracia

EL CIELO
El aplauso del cielo
Cuando Cristo venga

COMPARTIR EL EVANGELIO
Dios se acercó
Gracia

Lecturas recomendadas si estás buscando más...

CONSUELO
Aligere su equipaje
Él escogió los clavos
Mi Salvador y vecino

COMPASIÓN
Más allá de tu vida

VALOR
Enfrente a sus gigantes
Sin temor

ESPERANZA
3:16, Los números de la esperanza
El trueno apacible
Enfrente a sus gigantes
Gracia

GOZO
Aplauso del cielo
Cuando Dios susurra tu nombre
Cura para la vida común

AMOR
Acércate sediento
Un amor que puedes compartir

PAZ
Aligere su equipaje
En el ojo de la tormenta
La gran casa de Dios

SATISFACCIÓN
Acércate sediento
Cura para la vida común
Gran día cada día

CONFIANZA
Mi Salvador y vecino
El trueno apacible

¡Los libros de Max Lucado son regalos espectaculares!

Si te estás acercando a una ocasión especial,
considera uno de estos.

PARA ADULTOS:
Gracia para todo momento
Un cafecito con Max

PARA NIÑOS:
El corderito tullido
Hermie, una oruga común
Por si lo querías saber

PARA LA NAVIDAD:
El corderito tullido
Dios se acercó